くもんの小学ドリル

がんばり1年生
学しゅうきろくひょう

名まえ

1 2 3 4 5 6 7 8

9 10 11 12 13 14 15 16

17 18 19 20 21 22 23 24

25 26 27 28 29 30 31 32

33 34 35 36 37 38 39 40

41 42 43

あなたは
「くもんの小学ドリル　学力チェックテスト　1年生　こくご」を、
さいごまで　やりとげました。
すばらしいです！
これからも　がんばってください。

1さつ　ぜんぶ　おわったら、
ここに　大きな　シールを
はりましょう。

JN040687

1 き本テスト

目ひょうじかん 20ぷん

ひらがなの ことば

き本の もんだいの チェックだよ。
できなかった もんだいは、しっかり 学しゅう
してから かんせいテスト を やろう！

とくてん　　/100てん

かんれんドリル
●言葉と文　1〜16ページ
●ひらがな　7〜30ページ　45〜52ページ

〈ひとつ、ふたつ、みっつ、よっつの じで かく ことば〉

1 えの なまえを かきましょう。
□に ひとつの じが はいります。（ひとつ 8てん）

(1) ひとつの じの ことば。

①

②

(2) ふたつの じの ことば。

①

ふ

②

い

(3) みっつの じの ことば。

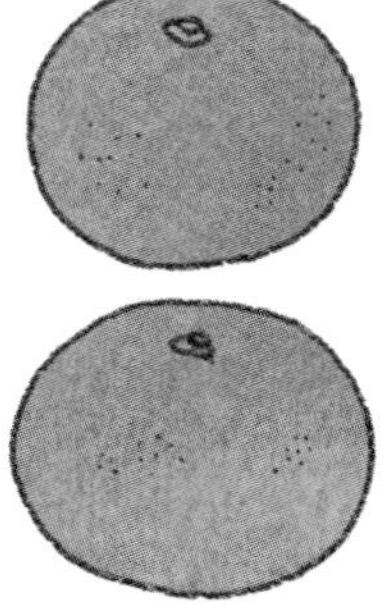
み

(4) よっつの じの ことば。

に

48てん

ぜんぶ できたら

言葉と文 1〜14ページ

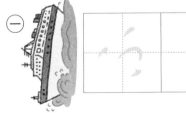

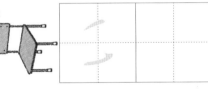

ひらがな 7〜30ページ

2

〈「〃」の つくじ〉

えに あうように、つけて、□に じを ■の ことばに 「〃」を かきましょう。

（ひとつ 8てん）

（1）

かき →

（2）

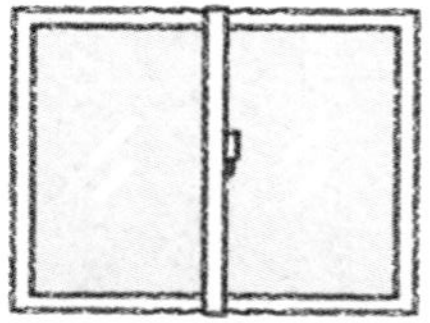

まと →

（3）

さる →

（4）

はら →

ひらがな 45〜50ページ　言葉と文 15・16ページ　ぜんぶ できたら　32てん

3

〈「〃」と「゜」の つくじ〉

えの なまえを あとの □から えらんで、□に かきましょう。

（ひとつ 10てん）

（1）

あ

（2）

て

だいこん・てんぷら・あさがお

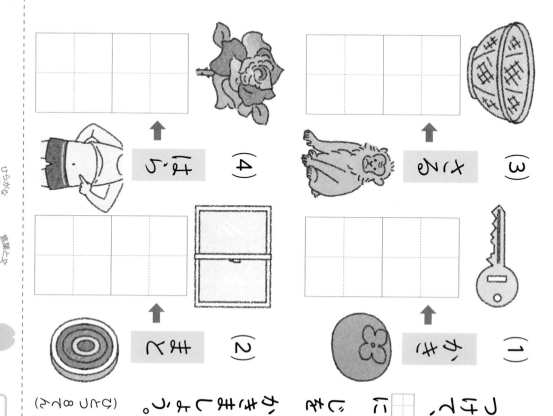

ひらがな 45〜52ページ　言葉と文 15・16ページ　ぜんぶ できたら　20てん

2 かんせいテスト ひらがなの ことば

目ひょうじかん 20ぷん

ごうかく 80てん（100てん／0てん）

ふくしゅうの めやす
き本テスト・かんれんドリルなどで しっかり ふくしゅうしよう！

とくてん　／100てん

かんれんドリル
- 言葉と文　1～16ページ
- ひらがな　7～30ページ　45～52ページ

1 えに あう ことばを、●—● で むすびましょう。（ひとつ 4てん）

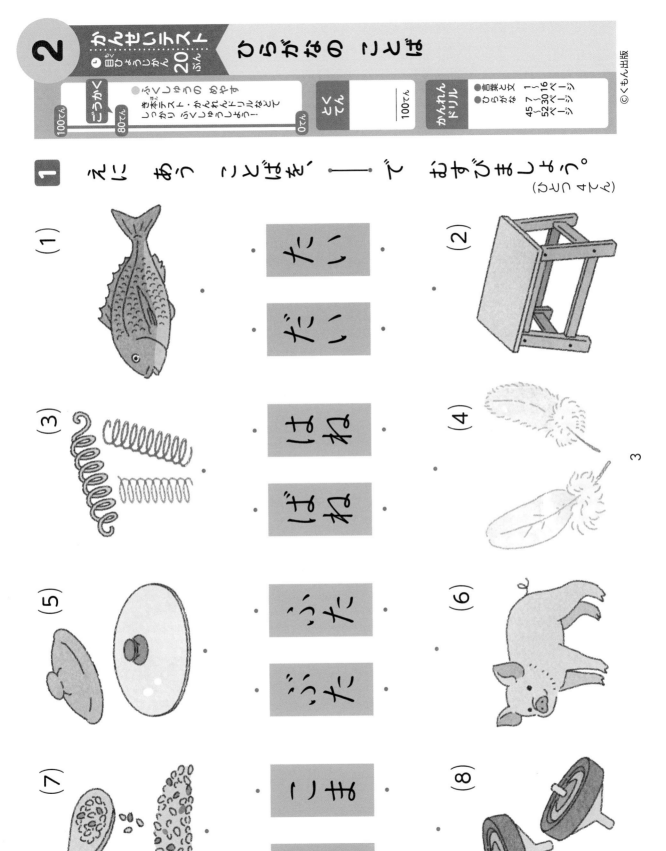

(1)

(2)

たい　だい

(3)

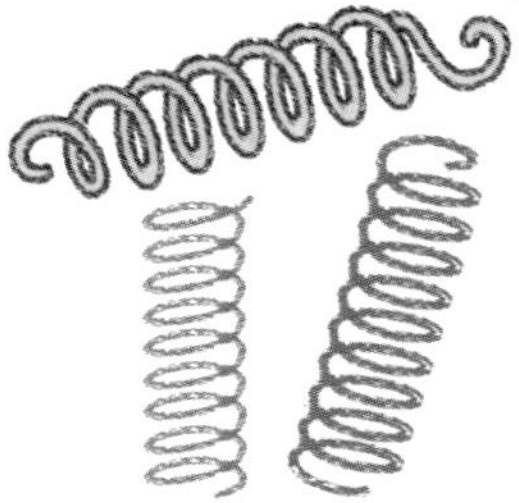

(4)

はね　ばね

(5)

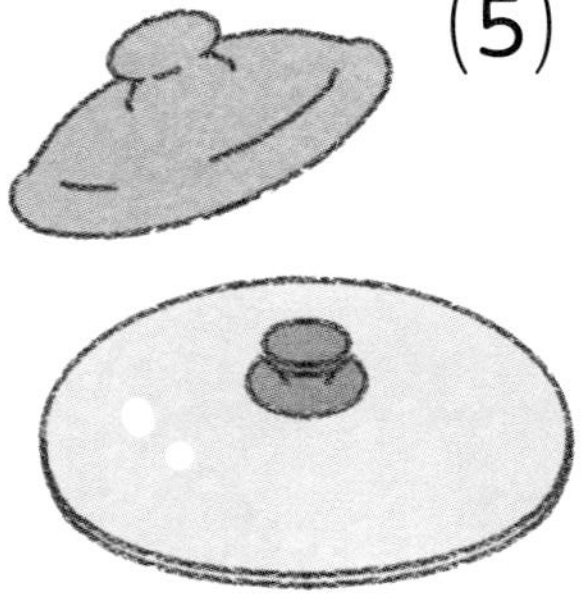

(6)

ふた　ぶた

(7)

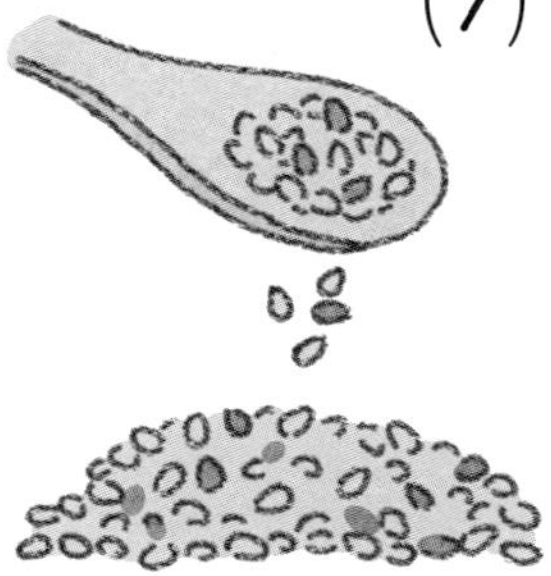

(8)

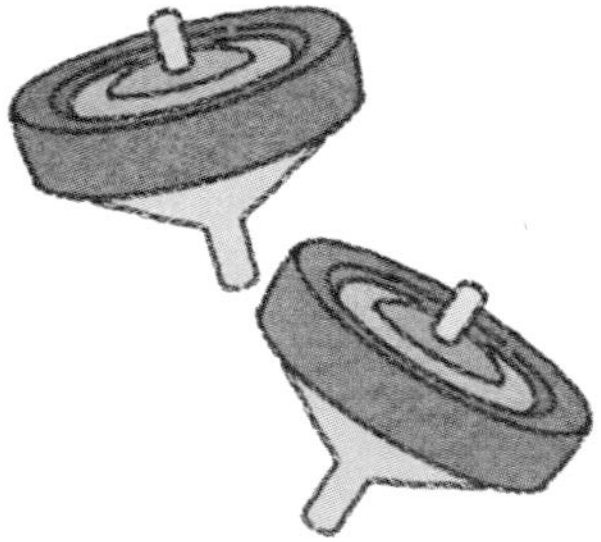

こま　ごま

2

えの　なまえを　□に　かきましょう。

（ひとつ　7てん）

（1）

な

（2）

や

（3）

た

（4）

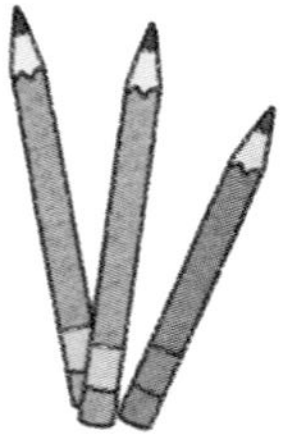

え

3

えを　みて、しりとりを　しましょう。□に　あう　じを　かきましょう。

（ひとつ　8てん）

（1）

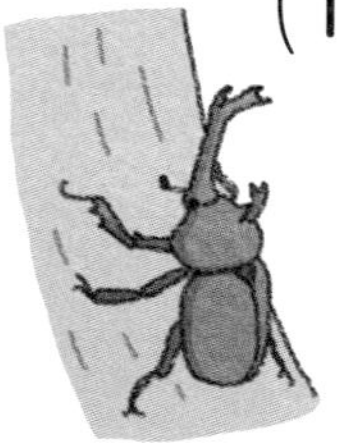

か　と

（2）

ま

（3）

ゆ

（4）

た

（5）

ご

3 き本テスト ちいさく かく じ

目ひょうじかん 20ぷん

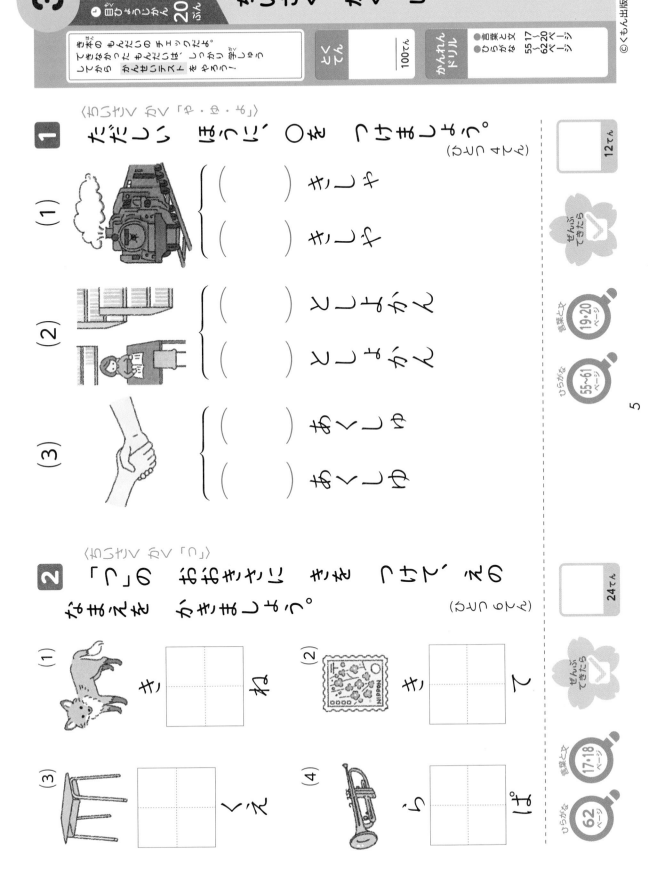

き本の もんだいの チェックだよ。できなかった もんだいは、しっかり 学しゅうしてから かんせいテスト を やろう！

とくてん　　/100てん

かんれんドリル
- 言葉と文 17～20ページ
- ひらがな 55～62ページ

〈ちいさく かく「ゃ・ゅ・ょ」〉

1 ただしい ほうに、○を つけましょう。（ひとつ 4てん）

(1)

（　）きしゃ
（　）きしや

(2)

（　）としよかん
（　）としょかん

(3)

（　）あくしゅ
（　）あくしゆ

12てん

ぜんぶ できたら

言葉と文 19・20ページ　ひらがな 55～61ページ

〈ちいさく かく「っ」〉

2 「っ」の おおきさに きを つけて、えの なまえを かきましょう。（ひとつ 6てん）

(1)

き□□ね

(2)

き□□て

(3)

□□くえ

(4)

ら□□ぱ

24てん

ぜんぶ できたら

言葉と文 17・18ページ　ひらがな 62ページ

3 「や・ゆ・よ」の おおきさに きを つけて、えの なまえを かきましょう。

〈ちいさく かく「ゃ・ゅ・ょ」〉

（ひとつ ８てん）

（1）

ち□う

（2）

ち□わん

（3）

□かん

（4）

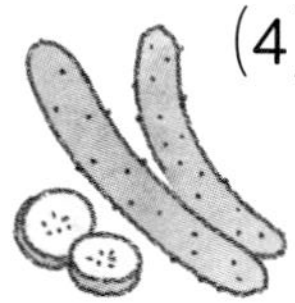

き□うり

ひらがな 55〜61ページ　言葉と文 19・20ページ　ぜんぶ できたら　32てん

4 えの なまえを □に かきましょう。

〈ちいさく かく じ〉

（ひとつ ８てん）

（1）

が□き□

（2）

で□ん□□

（3）

ち□□う□

（4）

き□ん□□

ひらがな 55〜62ページ　言葉と文 17〜20ページ　ぜんぶ できたら　32てん

4 かんせいテスト ちいさく かく じ

目ひょうじかん 20ぷん

ごうかく 80てん（100てん／0てん）

ふくしゅうの めやす
き本テスト・かんれんドリルなどで しっかり ふくしゅうしよう！

とくてん　／100てん

かんれんドリル
●言葉と文 17～20ページ
●ひらがな 55～62ページ

1 ちいさく かく じを さがして、○で かこみましょう。（ひとつ 8てん）

(1) きよねんの なつ、はなびを しました。

(2) さんすうの しゆくだいを しました。

(3) やおやさんで、かぼちやを かいました。

(4) ひろばで、かけつこを しました。

2 ちいさく かく じを さがして、えの なまえを ただしく かきなおしましょう。（ひとつ 6てん）

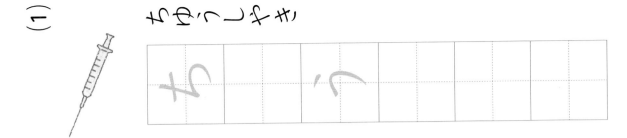

(1) 

ちゆうしやき

ち う

(2) 

きゆうしよく

き う

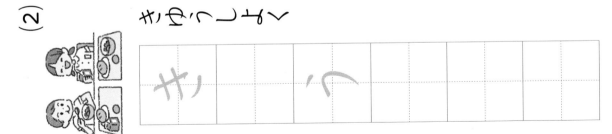

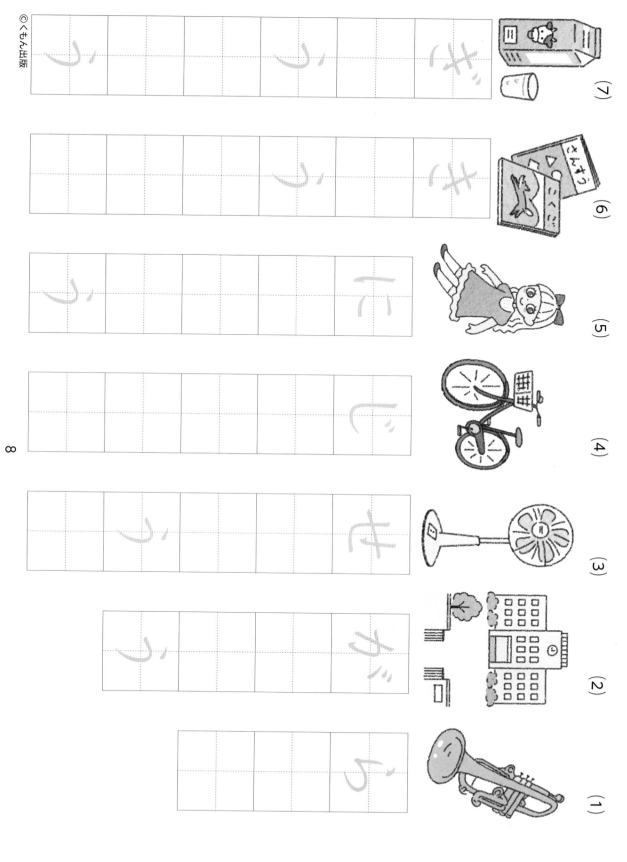

3 えの　なまえを　□に　かきましょう。

（ひとつ　8てん）

(1)

ら

(2)

が　う

(3)

せ　う

(4)

じ

(5)

に　う

(6)

き　う

(7)

ぎ　う　う

5 き本テスト

目ひょうじかん 20ぷん

のばす おん 「は」「へ」「を」の つかいかた

き本の もんだいの チェックだよ。
できなかった もんだいは、しっかり 学しゅうしてから かんせいテスト を やろう！

とくてん　　／100てん

かんれんドリル
●言葉と文 17・18ページ
●ひらがな 53・54ページ

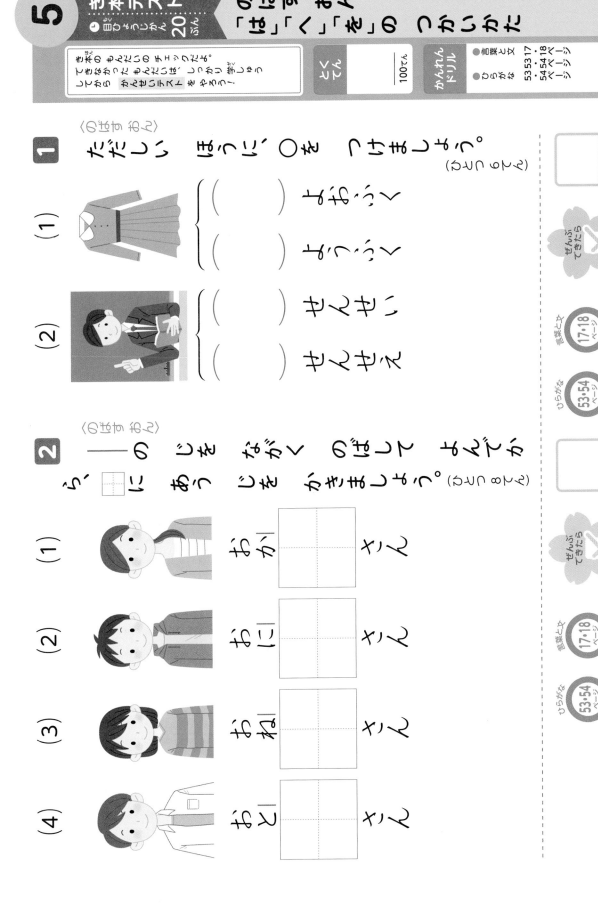

1 〈のばす おん〉
ただしい ほうに、○を つけましょう。（ひとつ 6てん）

（1）

（　）よおふく
（　）ようふく

（2）

（　）せんせい
（　）せんせえ

2 〈のばす おん〉
―の じを ながく のばして よんでから、□に あう じを かきましょう。（ひとつ 8てん）

（1）

おか□さん

（2）

おに□さん

（3）

おね□さん

（4）

おと□さん

12てん　ぜんぶ できたら　言葉と文 17・18ページ　ひらがな 53・54ページ

32てん　ぜんぶ できたら　言葉と文 17・18ページ　ひらがな 53・54ページ

3 〈「は」「へ」「を」〉

ただしい　ほうの　じを、○で　かこみましょう。（ひとつ　8てん）

(1) ぞう｛わ／は｝おおきい。

(2) うた｛お／を｝うたう。

(3) がっこう｛へ／え｝いく。

言葉と文 53・54ページ　ぜんぶ できたら　24てん

4 〈「は」「へ」「を」〉

――の　じを　ただしく　かきなおしましょう。（ひとつ　8てん）

(1) あねわ　ちゅうがくせいです。

(2) みちの　みぎがわお　あるきましょう。

(3) きのうわ、こうえんえ　いきました。

言葉と文 53・54ページ　ぜんぶ できたら　32てん

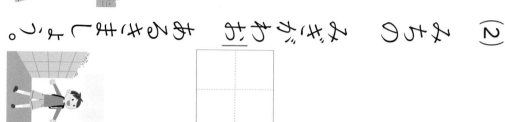

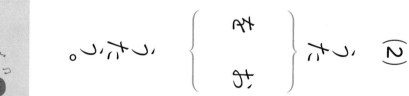

6 かんせいテスト

目(もく)ひょうじかん 20ぷん

ごうかく 100てん 80てん 0てん

ふくしゅうの めやす
き本(ほん)テスト・かんれんドリルなどで しっかり ふくしゅうしよう！

のばす おん 「は」「へ」「を」の つかいかた

とくてん　　/100てん

かんれんドリル
● 言葉と文 53・54ページ 17・18ページ
● ひらがな 53・54ページ

1 えの なまえを □ に かきましょう。（ひとつ 4てん）

(1)  ぼ

(2) 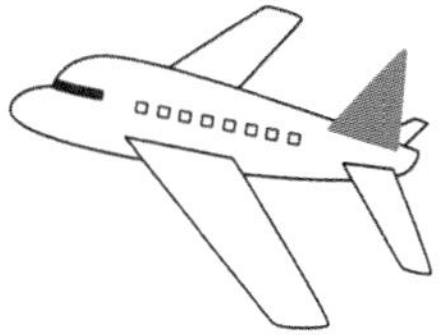 ひ

(3)  じ

2 まちがって いる じを ふたつずつ さがして ―を ひき、ただしく かきなおしましょう。（ひとつ 7てん）

〈れい〉 わたしわ、 おとおとを よんだ。（わ→は、お→う）

(1) きのおは、 へやの そうじお した。

(2) ぼくわ、 えきまえの みせえ いった。

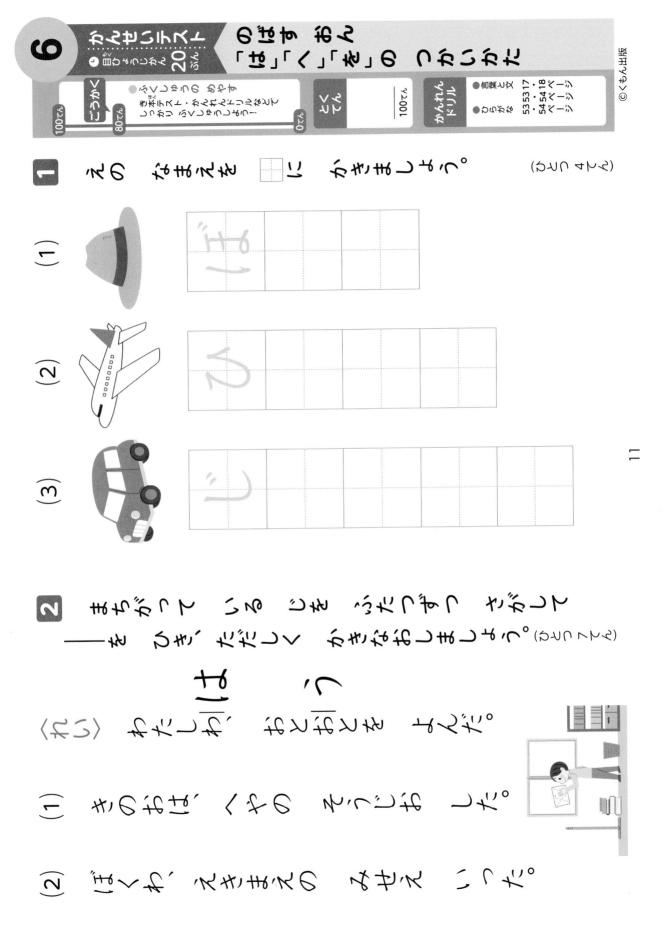

3 □に あう ほうの じを かきましょう。（ひとつ 5てん）

(1) わたし□（わ・は）、いもうとと いっしょに □（お・を）やつ□（お・を） たべました。

(2) あね□（わ・は）、や□（お・を） やさんで だいこんと ねぎ□（お・を） かいました。

(3) □（お・を）とうと□（わ・は）、ともだちと こう□（え・へ）ん□（え・へ） いって、□（お・を）にごっこ□（お・を） して あそびました。

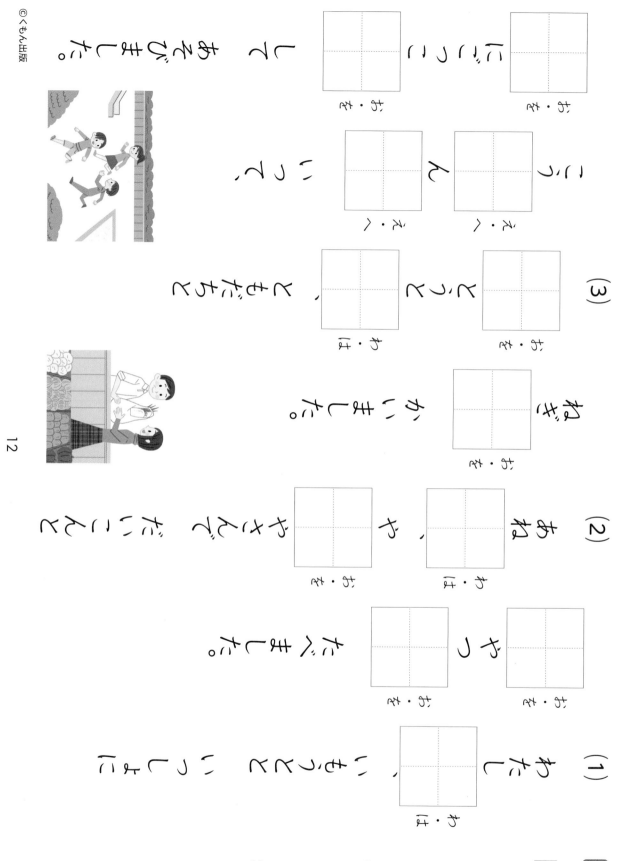

7 き本テスト　なかまの ことば

目ひょうじかん 20ぷん

き本の もんだいの チェックだよ。できなかった もんだいは、しっかり 学しゅうしてから かんせいテスト を やろう！

とくてん　100てん

かんれんドリル
●言葉と文 31・32ページ　35ページ　37・38ページ

1 〈まとめて いう いいかた〉
｛　｝の なまえを ひとまとめに した ことばを、□から えらんで かきましょう。（ひとつ 7てん）

(1) ｛りんご・みかん　もも・ぶどう｝……（　　）

(2) ｛あり・みつばち　ばった・とんぼ｝……（　　）

(3) ｛さんかく・しかく　ひしがた・まる｝……（　　）

むし・くだもの・かたち

21てん　ぜんぶ できたら　言葉と文 31ページ

2 〈なかまの ことば〉
えに あう きせつを □から えらんで、（　）に かきましょう。（ひとつ 7てん）

(1)

（　　）

(2)

（　　）

(3)

（　　）

(4)

（　　）

なつ・ふゆ・はる・あき

28てん　ぜんぶ できたら　言葉と文 32ページ

3 にた いみの ことばの ほうに、○を つけましょう。

〈ようすを あらわす ことばの いみ〉

（ひとつ 8てん）

(1) あつい
（　）あたたかい
（　）あたらしい

(2) うれしい
（　）おいしい
（　）たのしい

(3) さむい
（　）すくない
（　）すずしい

4 ――の ことばと、はんたいの いみの ことばを かきましょう。

〈ようすを あらわす はんたいの ことば〉

（ひとつ 9てん）

(1) ぞうは おおきい。 ⟷ ねずみは（　　　）。

(2) ひるの そらは、あかるい。 ⟷ よるの そらは、（　　　）。

(3) いしは おもい。 ⟷ はねは（　　　）。

言葉と文 35ページ　ぜんぶ できたら　24てん

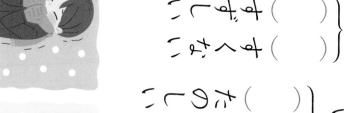

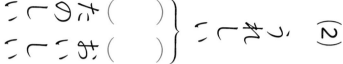

言葉と文 37・38ページ　ぜんぶ できたら　27てん

8 かんせいテスト　なかまの　ことば

目ひょうじかん　20ぷん

ごうかく　100てん　80てん　0てん

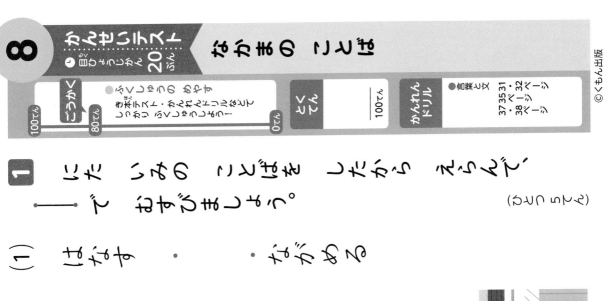

●ふくしゅうの　めやす
き本テスト・かんれんドリルなどで　しっかり　ふくしゅうしよう！

とくてん　　　／100てん

かんれんドリル
●言葉と文　31・32ページ　35ページ　37・38ページ

1 にた　いみの　ことばを　したから　えらんで、――で　むすびましょう。（ひとつ　5てん）

(1) はなす　・　　・ながめる

(2) みる　・　　・にっこりする

(3) おどろく　・　　・しゃべる

(4) わらう　・　　・びっくりする

2 （　）に　あう　ことばを　かきましょう。（ひとつ　6てん）

(1) あさ→（　　　）→ゆうがた→よる

(2) きのう→（　　　）→あした

(3) きょねん→ことし→（　　　）

(4) あかちゃん→こども→（　　　）

3 〔　〕から、ちがう　なかまの　ことばを　ひとつずつ　えらんで、◯で　かこみましょう。（ひとつ　8てん）

（1）〔ひこうき・くるま　でんしゃ・えき〕

（2）〔にんじん・ごぼう　さくら・だいこん〕

（3）〔みなみ・きた　ひだり・ひがし〕

4 はんたいの　いみの　ことばを　かきましょう。（ひとつ　8てん）

（1）ほそい　↕　（　　　）

（2）ちかい　↕　（　　　）

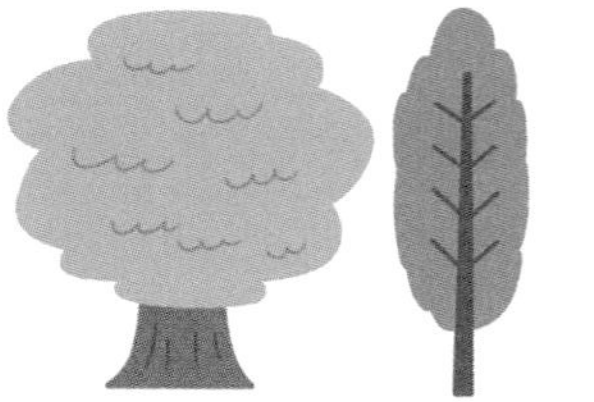

（3）おおい　↕　（　　　）

（4）ながい　↕　（　　　）

9 き本テスト　ことばの　つかいかた

目ひょうじかん 20ぷん

き本の　もんだいの　チェックだよ。
できなかった　もんだいは、しっかり　学しゅうしてから　かんせいテスト　を　やろう！

とくてん　／100てん

かんれんドリル
●言葉と文　33～36ページ

〈うごきを　あらわす　ことば〉

1 えに　あう　ことばの　ほうに、○を　つけましょう。（ひとつ　8てん）

（1）

（　）きる
（　）かく

（2）

（　）およぐ
（　）あるく

16てん

ぜんぶ　できたら

言葉と文　33ページ

〈おとを　あらわす　ことば〉

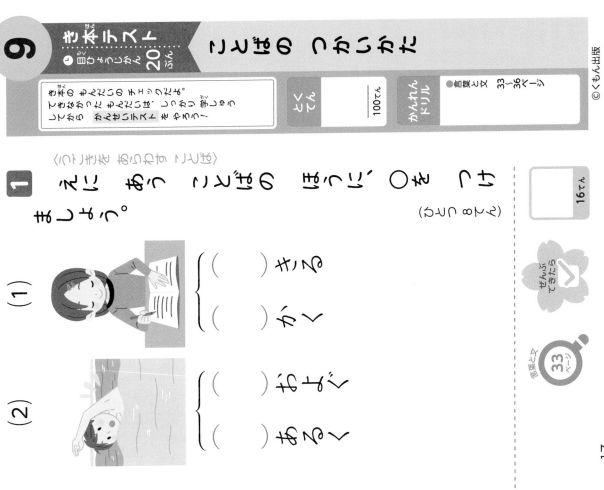

2 えに　あう　おとを　したから　えらんで、●—●で　むすびましょう。（ひとつ　8てん）

（1）

（2）

（3）

・トントン
・ワンワン
・ガチャン
・モーモー

24てん

ぜんぶ　できたら

言葉と文　35ページ

3 〈ようすを あらわす ことば〉

あう ことばの ほうを、◯で かこみましょう。（ひとつ 8てん）

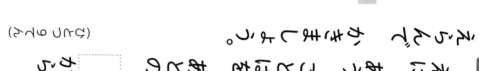

(1) ほしが、{きらきら／そよそよ} ひかる。

(2) いしが、{すらすら／ころころ} ころがる。

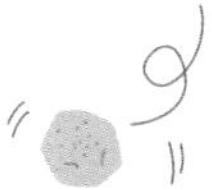

(3) ちょうが、{ぽかぽか／ひらひら} とぶ。

4 〈うごきを あらわす ことば〉

えに あう ことばを、あとの □ から えらんで かきましょう。（ひとつ 9てん）

(1)

（　　　　）

(2)

（　　　　）

(3)

（　　　　）

(4)

（　　　　）

はしる・よむ・うたう・たべる

言葉と文 36ページ　ぜんぶ できたら　24てん

言葉と文 33・34ページ　ぜんぶ できたら　36てん

10 かんせいテスト　ことばの　つかいかた

目ひょうじかん 20ぷん

ごうかく 80てん（100てん／0てん）

ふくしゅうの　めやす
き本テスト・かんれんドリルなどで　しっかり　ふくしゅうしよう！

とくてん　　／100てん

かんれんドリル
●言葉と文　33～36ページ

1 ――の　ことばの　つかいかたが　ただしい　ほうに、○を　つけましょう。（ひとつ　6てん）

(1)
（　）ひろい　うみで　およぐ。
（　）ひろい　はさみで　きる。

(2)
（　）つよい　でんしゃに　のる。
（　）つよい　ちからで　おす。

(3)
（　）かわいい　にんぎょうを　だく。
（　）かわいい　ごはんを　たべる。

2 （　）に　あう　ことばを、［　］から　えらんで　かきましょう。（ひとつ　6てん）

(1) かねが、（　　　）と　なる。

(2) かみが、（　　　）と　やぶれる。

(3) あめが、（　　　）と　ふる。

［ビリッ　ゴロゴロ　ザーザー　ゴーン］

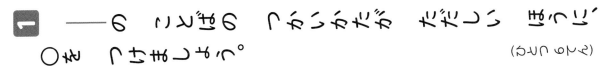

3 うえに　つづく　ことばを　したから　えらんで、――で　むすびましょう。いっぽんしか　むすべません。（ひとつ 8てん）

(1) ほんを　・　・のる。

(2) でんしゃに　・　・ぬく。

(3) くさを　・　・とぶ。

(4) とびばこを　・　・よむ。

4 （　）に　あう　ことばを、［　］から　えらんで　かきましょう。いっかいしか　つかえません。（ひとつ 8てん）

(1) うしが、みちを（　　　）あるく。

(2) おとうとが、（　　　）わらう。

(3) とおくの　じが、（　　　）みえる。

(4) つきが、そらに（　　　）うかぶ。

［ぽっかり・のっそり・にっこり・はっきり］

11 き本テスト

目ひょうじかん 20ぷん

ぶんの くみたて

き本の もんだいの チェックだよ。できなかった もんだいは、しっかり 学しゅうしてから かんせいテスト を やろう！

とくてん　　/100てん

かんれんドリル　●言葉と文 41～46ページ

1 〈ぶんの くみたて〉

□に、「が」か 「を」を かきましょう。（ひとつ 4てん）

(1) とり□、そら□ とぶ。

(2) ぼく□、たまご□ わる。

(3) あに□、えんぴつ□ かう。

24てん　ぜんぶ できたら　言葉と文 41～46ページ

2 〈「なに(だれ)が」に あたる ことば〉

「なに(だれ)が」に あたる ことばを かきましょう。（ひとつ 8てん）

〈れい〉 いぬが、みずを のむ。（いぬが）

(1) あめが、はげしく ふる。（　　）

(2) あねが、かおを あらう。（　　）

(3) はなが、きれいに さく。（　　）

24てん　ぜんぶ できたら　言葉と文 41～46ページ

3 〈「どう する」に あたる ことば〉

「どう する」に あたる ことばを かきま しょう。（ひとつ 8てん）

〈れい〉 はとが、そらを とぶ。（とぶ）

(1) こいが、いけで およぐ。（　　）

(2) あにが、たいこを たたく。（　　）

(3) へやの まどを あける。（　　）

4 〈ぶんの かたち〉

えを みて、□に あう ことばを かき ましょう。（ひとつ 7てん）

(1)

なに［　　］が、なに［　　］を つかまえる。

(2)

だれ［　　］が、なに［　　］に えを かく。

言葉と文 41~46ページ　ぜんぶ できたら　24てん

言葉と文 41~46ページ　ぜんぶ できたら　28てん

12 かんせいテスト ぶんの くみたて

目ひょうじかん 20ぷん

ごうかく 100てん 80てん 0てん
ふくしゅうの めやす
き本テスト・かんれんドリルなどで しっかり ふくしゅうしよう！

とくてん ／100てん

かんれんドリル ●言葉と文 41〜46ページ

1 「なに（だれ）が」に あたる ことばに、——を ひきましょう。（ひとつ 5てん）

(1) あにが、かおを あらう。

(2) うまが、ぼくじょうを はしる。

(3) へやで、おとうとが ねて いる。

(4) きゅうに、くるまが うごきだした。

2 うえに つづく ことばを したから えらんで、——で むすびましょう。いっぽんしか むすべません。（ひとつ 5てん）

(1) ぞうが、・		・かみに えを かく。
(2) たねを ・		・かさを もって いく。
(3) にんじんや・		・えさを たべて いる。
(4) えのぐで ・		・かだんに まく。
(5) がっこうへ・		・ごぼうは やさいだ。

3 「どう　する」に　あたる　ことばに、――を　ひきましょう。（ひとつ　7てん）

(1) かみを　はんぶんに　おる。

(2) くるまが、めの　まえを　とおる。

(3) ともだちが、ぼくを　おおごえで　よぶ。

(4) きの　えだで、とりが　なく。

(5) あねが、あたらしい　ふくを　きる。

4 えを　みて、つぎの　★の　かたちの　ぶんを　つくりましょう。（ひとつ　10てん）

(1)

★　□が、□を　□て　いる。

［　　　　］

(2)

★　□は、□に　□て　いる。

［　　　　］

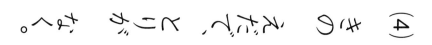

13 き本テスト ぶんの おわりの いいかた

目ひょうじかん 20ぷん

き本の もんだいの チェックだよ。できなかった もんだいは、しっかり 学しゅうしてから かんせいテスト を やろう！

とくてん　／100てん

かんれんドリル　●言葉と文　59・60ページ

〈ていねいな いいかた〉

1 ――の いいかたが ていねいな ほうに、○を つけましょう。（ひとつ 6てん）

（1）（　）かみを きる。
（　）かみを きります。

（2）（　）つくえの うえを ふきます。
（　）つくえの うえを ふく。

12てん　ぜんぶできたら　言葉と文 60ページ

〈ていねいな いいかた〉

2 ――の ことばを ていねいな いいかたに かきかえましょう。（ひとつ 7てん）

〈れい〉 ごはんを たべる。→（たべます）

（1） からすが なく。→（　　）

（2） おふろに はいる。→（　　）

（3） ごみを ひろう。→（　　）

（4） はさみを つかう。→（　　）

28てん　ぜんぶできたら　言葉と文 60ページ

〈すぎた　ことを　あらわす　いいかた〉

3 ――の　ことばを　すぎた　ことを　あらわす　いいかたに　かきかえましょう。（ひとつ　8てん）

〈れい〉　ほんを　かう。→（かった）

(1)　おとが　きこえる。→（　　　）

(2)　ははが　わらう。→（　　　）

(3)　とびらを　おす。→（　　　）

言葉と文 59ページ　ぜんぶ できたら　24てん

〈ふつうの　いいかた〉

4 ――の　ことばを　ふつうの　いいかたに　かきかえましょう。（ひとつ　9てん）

〈れい〉　えを　かきます。→（かく）

(1)　かばんを　もちます。→（　　　）

(2)　はこを　つくります。→（　　　）

(3)　でんしゃが　きます。→（　　　）

(4)　なわとびを　します。→（　　　）

言葉と文 60ページ　ぜんぶ できたら　36てん

14 かんせいテスト ぶんの おわりの いいかた

目ひょうじかん 20ぷん

ごうかく 100てん 80てん 0てん

ふくしゅうの めやす
き本テスト・かんれんドリルなどで しっかり ふくしゅうしよう！

とくてん ／100てん

かんれんドリル
●言葉と文 59・60ページ

1 おわりの いいかたが ただしい ぶんを みっつ えらんで、○を つけましょう。（ひとつ 10てん）

ア（　　）きのう、しゅくだいを する。

イ（　　）きのう、ほんを かりた。

ウ（　　）もう すぐ、でんしゃが くる。

エ（　　）もう すぐ、さんじに なった。

オ（　　）あした、ゆうえんちに いった。

カ（　　）あした、ひこうきに のる。

2 つぎの ぶんを ていねいな いいかたに かきかえましょう。（ひとつ 10てん）

(1) ほんを きれいに ならべた。

（　　　　　　　　　　）

(2) きょう、あかい はなが さいた。

（　　　　　　　　　　）

3 つぎの　ぶんを　ふつうの　いいかたに　かきかえましょう。（ひとつ　10てん）

(1) あねが、へやに　はなを　かざります。

（　　　　　　　　　　）

(2) あめの　ひは、いえで　あそびます。

（　　　　　　　　　　）

4 つぎの　ぶんしょうを、ていねいな　いいかたに　なおして、あとの　〔　〕に　かきましょう。（ひとつの　ぶん　10てん）

きのう、あにと　ひろばに　いった。あにの　ともだちも　きて　いた。みんなで、やきゅうを　した。

〔　　　　　　　　　　〕

15 き本テスト

目ひょうじかん 20ぷん

まる（。） てん（、） かぎ（「」）の つかいかた

き本の もんだいの チェックだよ。できなかった もんだいは、しっかり 学しゅうしてから かんせいテスト を やろう！

とくてん　　／100てん

かんれんドリル　●言葉と文　55～58ページ

〈まる（。）と てん（、）の つけかた〉

1 まる（。）と てん（、）の つけかたが ただしい ほうに、○を つけましょう。（ひとつ 5てん）

(1)
（　）いぬが。とつぜん ほえた、
（　）いぬが、とつぜん ほえた。

(2)
（　）きのう、てがみが とどいた。
（　）きのう、てがみが とどいた、

(3)
（　）あには。ゆっくり はなした。
（　）あには、ゆっくり はなした。

15てん　ぜんぶできたら　言葉と文 55・56ページ

〈まる（。）と てん（、）の つけかた〉

2 □に、まる（。）か てん（、）を つけましょう。（ひとつ 5てん）

(1) あねは□かみを むすんだ□

(2) ゆうがた□いえに かえる□

(3) あした□えんそくに いく□

(4) とりが□きの えだに とまる□

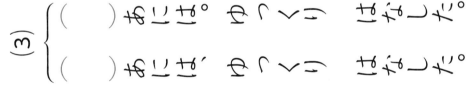

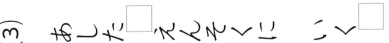

40てん　ぜんぶできたら　言葉と文 55・56ページ

〈かぎ(「 」)の つかいかた〉

3 かぎ(「 」)の つかいかたが ただしい ほうに、○を つけましょう。 (ひとつ 9てん)

(1)
( ) 「はやく おきなさい」。と、おかあさんが いった。
( ) はやく おきなさい。と、「おかあさんが いった」。

(2)
( ) おはようございます。「みんなが、あいさつを した」。
( ) 「おはようございます」。みんなが、あいさつを した。

18てん

ぜんぶ できたら

言葉と文 57・58ページ

〈かぎ(「 」)の つかいかた〉

4 ひとが はなした ことばに、かぎ(「 」)を ひとくみずつ つけましょう。 (ひとつ 9てん)

(1) さようなら。と いった。

(2) おにごっこを しよう。と、ともだちが いった。

(3) しゅうごう。せんせいが、ごうれいを かけた。

27てん

ぜんぶ できたら

言葉と文 57・58ページ

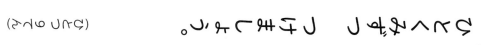

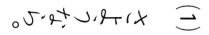

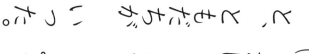

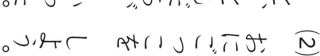

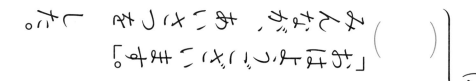

16 かんせいテスト まる(。) てん(、) かぎ(「 」)の つかいかた

目ひょうじかん 20ぷん

ごうかく 100てん 80てん 0てん

ふくしゅうの めやす
き本テスト・かんれんドリルなどで しっかり ふくしゅうしよう！

とくてん ／100てん

かんれんドリル
●言葉と文 55～58ページ

1 まる(。) てん(、) かぎ(「 」)の つかいかたが ただしい ぶんを みっつ えらんで、○を つけましょう。（ひとつ 4てん）

ア（　　）きのう、こうえんで あそんだ。

イ（　　）すぐに」 いくよ。」と、へんじを した。

ウ（　　）「いらっしゃい。」と、みせの ひとが いった。

エ（　　）あねと わたしは。おかしを たべた。

オ（　　）「わたしは」、はい と こたえた。

カ（　　）いえに かえると、おとうさんが いた。

2 つぎの ぶんに、てん(、)を ひとつずつ つけましょう。（ひとつ 2てん）

(1) わたしは いもうとの てを ひいた。

(2) めだかが すいすい およいで いる。

(3) あさ はやく でんわが なった。

(4) そとに でたら ともだちが きて いた。

(5) ごはんを たべると あには でかけた。

3 つぎの　ぶんしょうに、まる（。）と　てん（、）を　ふたつずつ　つけましょう。（ひとつ　3てん）

(1) かびんに　みずを　いれて　へやに　もって
きた　それから　はなを　いれた

(2) あさ　おきると　あめが　ふって　いた　あ
かい　かさを　さして　がっこうへ　いった

(3) えきに　つくと　おとうさんが　まって　い
た　ぼくは　おおきく　てを　ふった

4 つぎの　ぶんしょうに、まる（。）と　てん（、）を　ひとつずつ、かぎ（「　」）を　ひとくみ　つけましょう。（ひとつ　7てん）

(1) いえに　かえると、おかあさんが
おかえり。
と　いいました

(2) おとうとが、しんかんせんを　みて
はやいなあ。
と　いいました

17 き本テスト

目ひょうじかん 20ぷん

かたかな

き本の もんだいの チェックだよ。できなかった もんだいは、しっかり 学しゅうしてから かんせいテスト を やろう！

とくてん　　／100てん

かんれんドリル
●言葉と文 63〜68ページ
●カタカナ 7〜30ページ 33〜52ページ

〈かたかなの かき〉

1 つぎの ひらがなを、□に かたかなで かきましょう。（ひとつ 4てん）

(1) あ → □

(2) き → □

(3) な → □

(4) ほ → □

(5) も → □

(6) ゆ → □

24てん　ぜんぶ できたら　言葉と文 63〜68ページ　カタカナ 7〜30ページ

〈かたかなの ことば〉

2 つぎの えに あう かたかなの ことばを、―― で むすびましょう。（ひとつ 5てん）

(1)

(2)

(3)

(4)
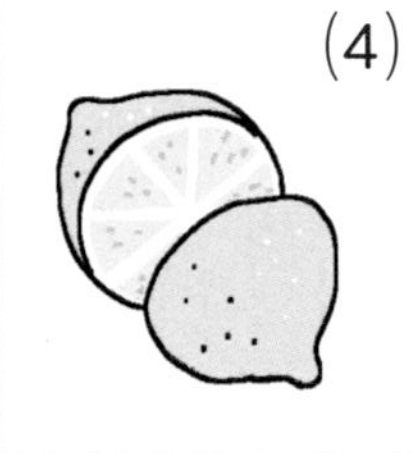

・ライオン

・レモン

・バケツ

・ピアノ

20てん　ぜんぶ できたら　言葉と文 63〜68ページ　カタカナ 7〜30ページ

3 〈かたかなの ことば〉

ただしい ほうの ことばに、○を つけましょう。（ひとつ 6てん）

(1) 
（　）シャツ
（　）ツャシ

(2) 
（　）チョーワ
（　）チョーク

(3) 
（　）テスト
（　）チスト

(4) 
（　）スプーン
（　）スプーソ

4 〈かたかなの かき〉

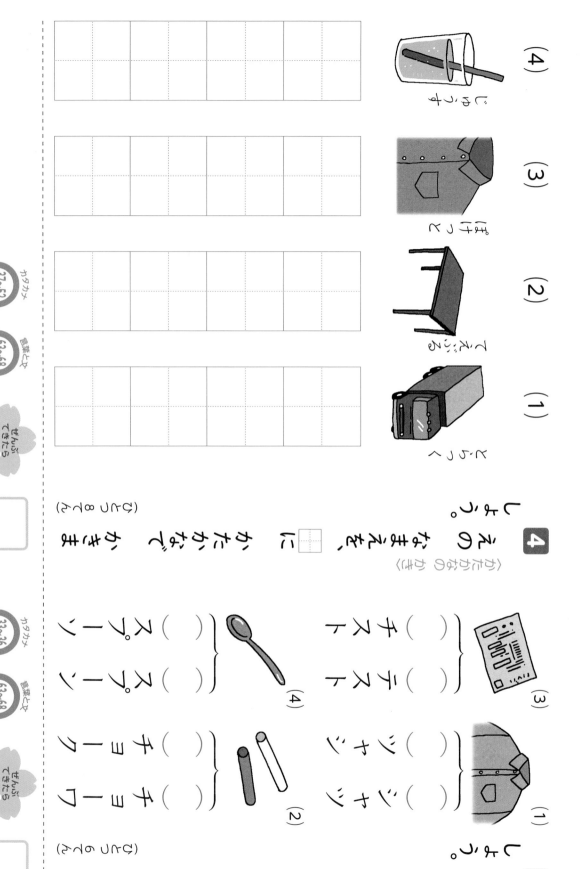

えの なまえを、□に かたかなで かきましょう。（ひとつ 8てん）

(1) 
とらっく

(2) 
てえぶる

(3) 
ぽけっと

(4) 
じゅうす

カタカナ 33~36ページ　言葉と文 63~68ページ　ぜんぶ できたら　24てん

カタカナ 37~52ページ　言葉と文 63~68ページ　ぜんぶ できたら　32てん

18 かんせいテスト かたかな

目ひょうじかん 20ぷん

ごうかく 100てん 80てん 0てん

ふくしゅうの めやす
き本テスト・かんれんドリルなどで しっかり ふくしゅうしよう！

とくてん　　／100てん

かんれんドリル
●言葉と文　63～68ページ
●カタカナ　7～30ページ　33～52ページ

1 □の ことばの うち、(1)から (3)の （　）に はいる ことばを、かたかなで かきましょう。（ひとつ 6てん）

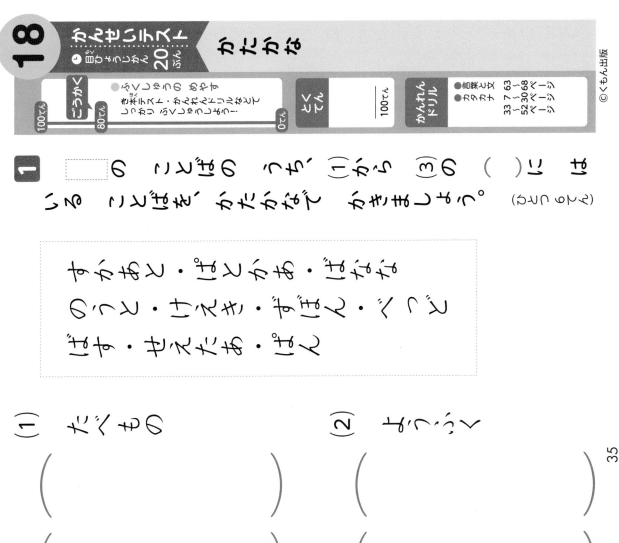

すかあと・ぱとかあ・ばなな
のうと・けえき・ずぼん・べっど
ばす・せえたあ・ぱん

(1) たべもの
（　　）
（　　）
（　　）

(2) ようふく
（　　）
（　　）
（　　）

(3) のりもの
（　　）
（　　）

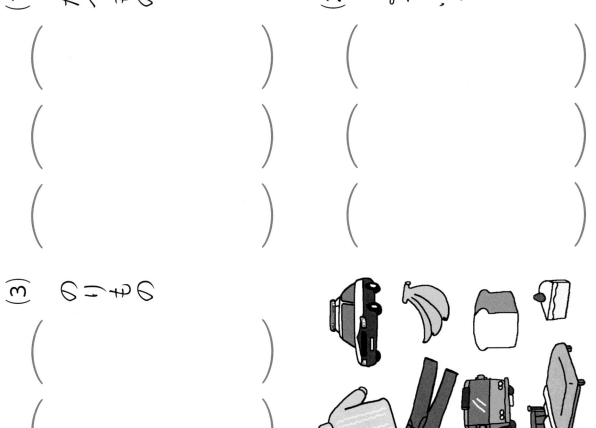

2 かたかなで　かく　ことばを　ふたつずつ　さがして、かたかなで　かきましょう。（ひとつ　6てん）

(1) あさがおの　ようすを　のうとに　かいて、くれよんで　いろを　ぬった。

（　　　　）（　　　　）

(2) おかあさんは、えぷろんを　つけて、ふらいぱんで　たまごを　やいた。

（　　　　）（　　　　）

3 まちがって　いる　かたかなの　じを　ふたつずつ　さがして　——を　ひき、ただしく　かきなおしましょう。（ひとつ　7てん）

〈れい〉 ガフス（がらす）の　ユ（こ）ップ（っぷ）が　われる。　ラ　コ

(1) オムレシ（おむれつ）と　ナロン（めろん）を　たべる。

(2) チレビ（てれび）で　ドラヌ（どらま）を　みる。

19 き本テスト①

目ひょうじかん 15ふん

かん字の よみかき(1)

き本の もんだいの チェックだよ。できなかった もんだいは、しっかり 学しゅうしてから かんせいテスト を やろう！

とくてん　　100てん

かんれんドリル
●かん字
かん字は、学年の まとめなので、ページは しめして いません。

1 〈かん字の よみ〉
――の かん字の よみかたを かきましょう。（一つ 5てん）

(1) 六月生まれ。（　　）
(2) はこに 入れる。（　　）
(3) 川の 水。（　　）
(4) 力くらべ。（　　）
(5) 七 五 三。（　　）
(6) 二つの くり。（　　）

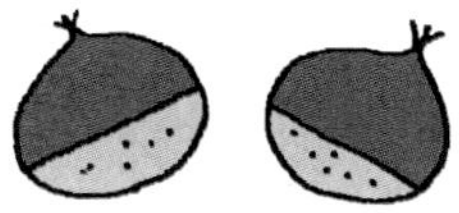

30てん　ぜんぶ できたら

2 〈二とおりの かん字の よみ〉
――の かん字の よみかたを かきましょう。（一つ 5てん）

(1)
人の こえ。（　　）
人ぎょう。（　　）

(2)
山のぼり。（　　）
ふじ山。（　　）

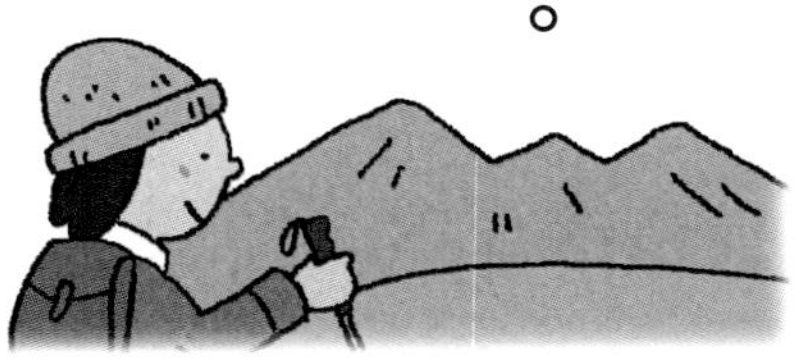

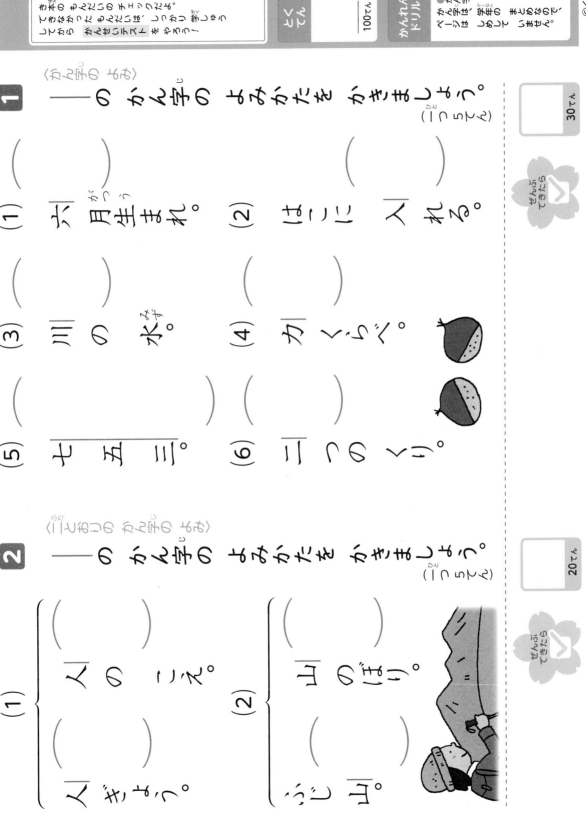

20てん　ぜんぶ できたら

3 〈おくりがなに 気を つける かん字〉

――の ひらがなに 気(き)を つけて、□に かん字(じ)を かきましょう。（一(ひと)つ 5てん）

(1) いすが □(みっ)つ。

(2) へやに □(はい)る。

(3) □(やっ)つ かぞえる。

4 〈かん字(じ)の かき〉

□に かん字(じ)を かきましょう。（一(ひと)つ 5てん）

(1) □(し) かくい はこ。

(2) □(きゅう) 本(ほん)の かさ。

(3) うでの □(ちから)。

(4) □(いち) ばんに なる。

(5) □(ひと) の かお。

(6) □(じゅう) まいの かみ。

(7) □(に) かい はねる。

ぜんぶ できたら　15てん

ぜんぶ できたら　35てん

20 き本テスト② かん字の よみかき(1)

目ひょうじかん 15ふん

き本の もんだいの チェックだよ。できなかった もんだいは、しっかり 学しゅうしてから かんせいテスト を やろう！

とくてん　　／100てん

かんれんドリル　●かん字

1 〈かん字の よみ〉

──の かん字の よみかたを かきましょう。(一つ5てん)

(1) 男の 人。（　　）

(2) 子ねこ。（　　）

(3) 上を 見る。（　　）

(4) 目を あける。（　　）

(5) 四百人。（　　）

(6) くつ下を はく。（　　）

ぜんぶできたら　　30てん

2 〈二とおりの かん字の よみ〉

──の かん字の よみかたを かきましょう。(一つ5てん)

(1)
- 日が のぼる。（　　）
- さむい 一日。（　　）

(2)
- 中にわ。（　　）
- 空中ぶらんこ。（　　）

ぜんぶできたら　　20てん

〈おくりがなに 気(き)を つける かん字(じ)〉

3 ――の ひらがなに 気(き)を つけて、□に かん字(じ)を かきましょう。（一(ひと)つ5てん）

(1) さかを □(あ)がる。

(2) □(しろ)いくも。

(3) かいだんを □(お)りる。

〈かん字(じ)の かき〉

4 □に かん字(じ)を かきましょう。（一(ひと)つ5てん）

(1) 大(おお)きな □(くち)。

(2) □(た)んぼ。

(3) へやの □(なか)。

(4) □(おんな)の □(こ)。

(5) □(め)ぐすり。

(6) □(ひ)の ひかり。

ぜんぶ できたら　15てん

ぜんぶ できたら　35てん

21

かんせいテスト
目(もく)ひょうじかん 15ふん

かん字(じ)の よみかき (1)

ごうかく
100てん 80てん 0てん
ふくしゅうの めやす
き本(ほん)テスト・かんれんドリルなどで しっかり ふくしゅうしよう！

とくてん
100てん

かんれんドリル
●かん字

1 □に かん字(じ)を かきましょう。（一(ひと)つ 4てん）

(1) □(かわ) あそび。

(2) □(なな) いろの にじ。

(3) □(さん) かく。

(4) □(ろく) さつの 本(ほん)。

(5) □(おとこ) の ふく。

(6) □□(にひゃく) 円(えん)。

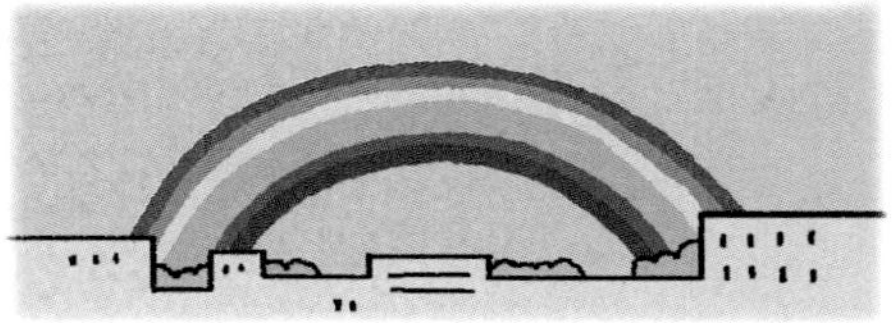

2 ——の ことばを、かん字(じ)と ひらがなで かきましょう。（一(ひと)つ 5てん）

(1) 立(た)ちあがる。
（　　　　）

(2) しろい ゆき。
（　　　　）

(3) しおを いれる。
（　　　　）

(4) さかを くだる。
（　　　　）

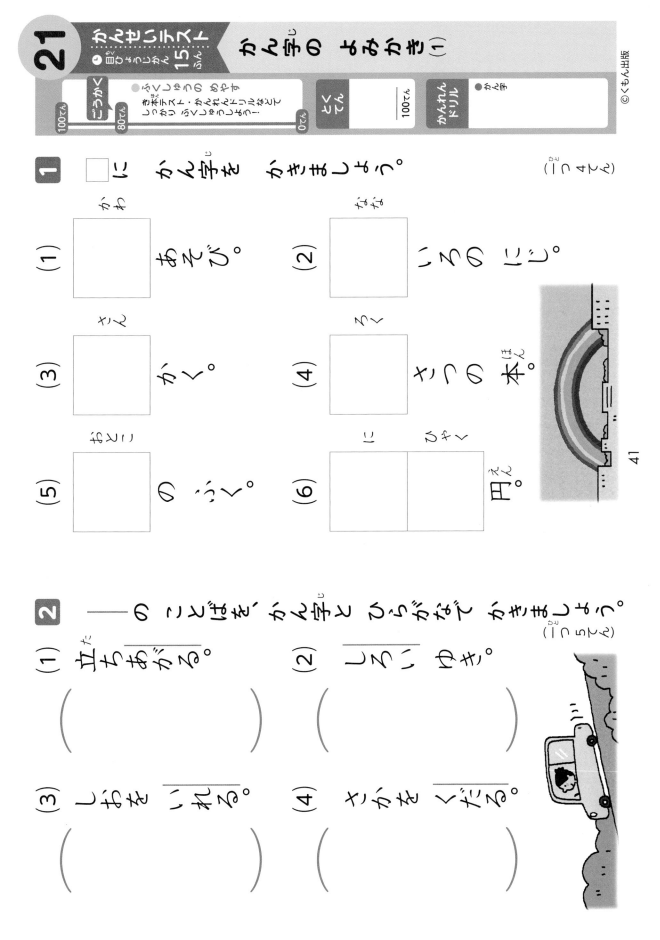

3 かきじゅんの 正しい ほうに、○を つけましょう。（一つ 4てん）

(1)
（　）人女女
（　）一女女

(2)
（　）丨口中中
（　）丨口口中

(3)
（　）丨山山
（　）乚山山

(4)
（　）丨冂冂四四
（　）丨冂口四四

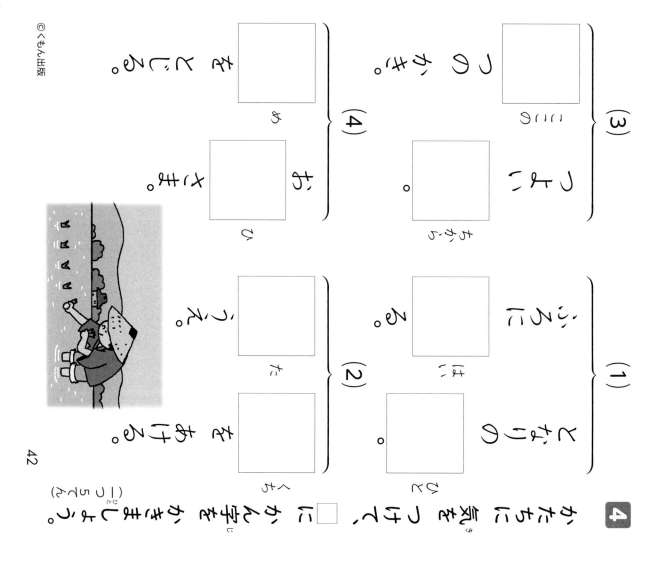

4 かたちに 気を つけて、□に かん字を かきましょう。（一つ 5てん）

(1)
となりの □（ひと）。
ふろに □（はい）る。

(2)
□（くち）を あける。
□（た）うえ。

(3)
つよい □（ちから）。
□（ここの）つの かき。

(4)
お □（ひ）さま。
□（め）を とじる。

22 き本テスト① かん字の よみかき(2)

目ひょうじかん 15ふん

き本の もんだいの チェックだよ。できなかった もんだいは、しっかり 学しゅうしてから かんせいテスト を やろう！

とくてん　　／100てん

かんれんドリル
●かん字

1 〈かん字の よみ〉
——の かん字の よみかたを かきましょう。（一つ 5てん）

(1) 土を ほる。（　　）

(2) 王さま。（　　）

(3) 子犬。（　　）（　　）

(4) 水中めがね。（　　）（　　）

(5) 十円。（　　）（　　）

(6) 夕日が しずむ。（　　）（　　）

30てん　ぜんぶ できたら

2 〈二とおりの かん字の よみ〉
——の かん字の よみかたを かきましょう。（一つ 5てん）

(1)
月が 出る。（　　）
月よう日。（　　）

(2)
木を きる。（　　）
木よう日。（　　）

20てん　ぜんぶ できたら

〈おくりがなに 気をつける かん字〉

3 ――の ひらがなに 気を つけて、□に かん字を かきましょう。（一つ5てん）

(1) □(ちい)さい こえ。

(2) □(おお)きい 山(やま)。

〈かん字の かき〉

4 □に かん字を かきましょう。（一つ5てん）

(1) □(たま)のり。

(2) ぼくの □(な)まえ。

(3) 三(さん)□(がつ)。

(4) お□(かね)を はらう。

(5) □(せん)ばづる。

(6) □(いぬ)の さんぽ。

(7) □(だい)すきな うた。

(8) □(ひ)が もえる。

ぜんぶ できたら　10てん

ぜんぶ できたら　40てん

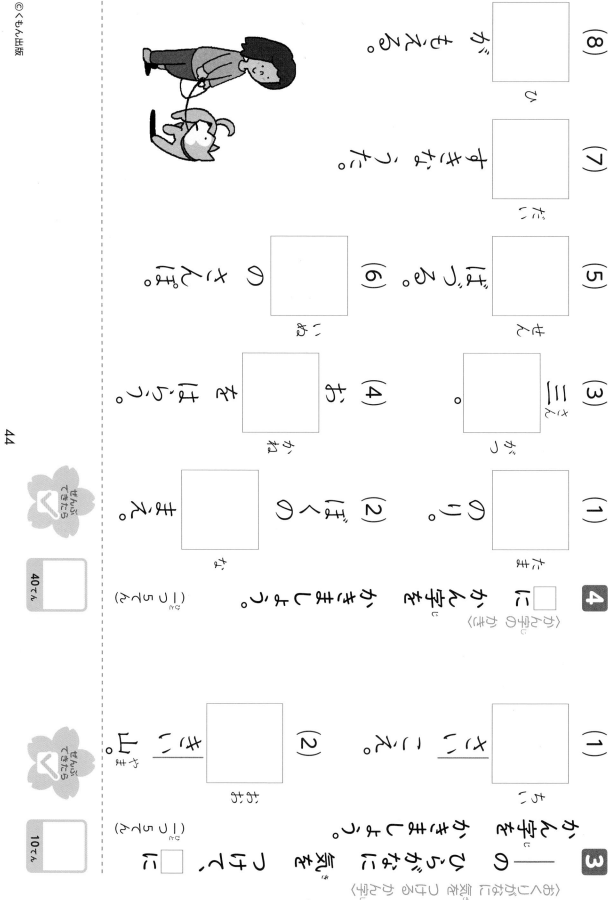

23 き本テスト②
目ひょうじかん 15ふん

かん字の よみかき(2)

き本の もんだいの チェックだよ。できなかった もんだいは、しっかり 学しゅうしてから かんせいテスト を やろう！

とくてん　／100てん

かんれんドリル
●かん字

1 〈かん字の よみ〉
――の かん字の よみかたを かきましょう。（一つ 5てん）

(1) 耳を さわる。（　　）
(2) 手を たたく。（　　）
(3) 足が いたい。（　　）
(4) 右上。（　　）
(5) 小石。（　　）
(6) 正月。（　　）

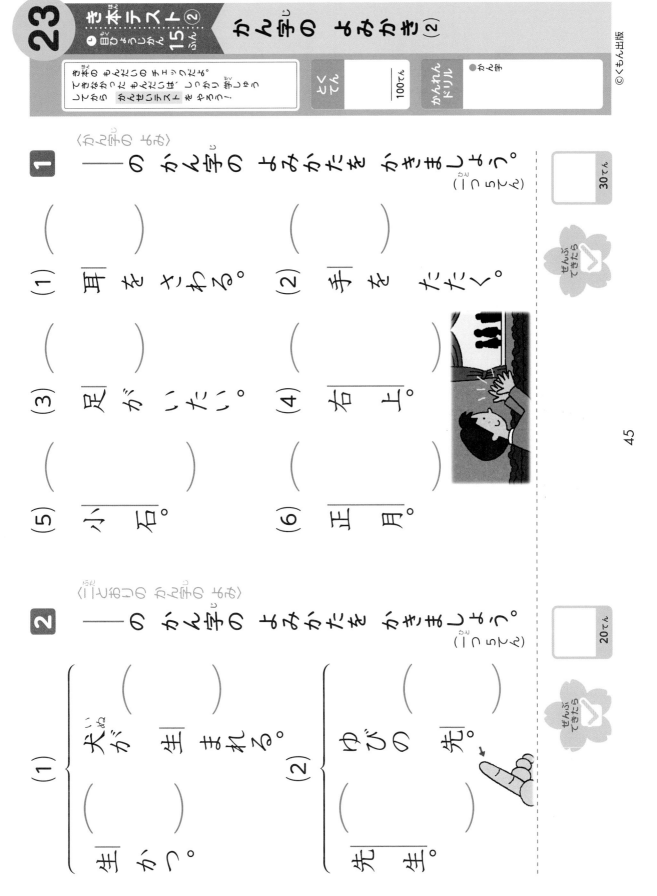

30てん

2 〈二とおりの かん字の よみ〉
――の かん字の よみかたを かきましょう。（一つ 5てん）

(1)
犬が 生まれる。（　　）
生かつ。（　　）

(2)
ゆびの 先。（　　）
先生。（　　）

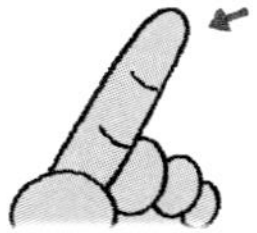

20てん

〈おくりがなに 気をつける かん字〉

3 ——の ひらがなに 気を つけて、□に かん字を かきましょう。（一つ 5てん）

(1) 林の □(い)きもの。

(2) □(ただ)しい 字。

10てん

ぜんぶ できたら

〈かん字の かき〉

4 □に かん字を かきましょう。（一つ 5てん）

(1) □(て)を ふる。

(2) □(てん)気よほう。

(3) そとに □(で)る。

(4) □(ぶん)を かく。

(5) まるい □(いし)。

(6) えん □(そく)。

(7) みちの □(ひだり)がわ。

(8) □(せん)とうを はしる。

40てん

ぜんぶ できたら

24 かんせいテスト かん字の よみかき(2)

目ひょうじかん 15ふん

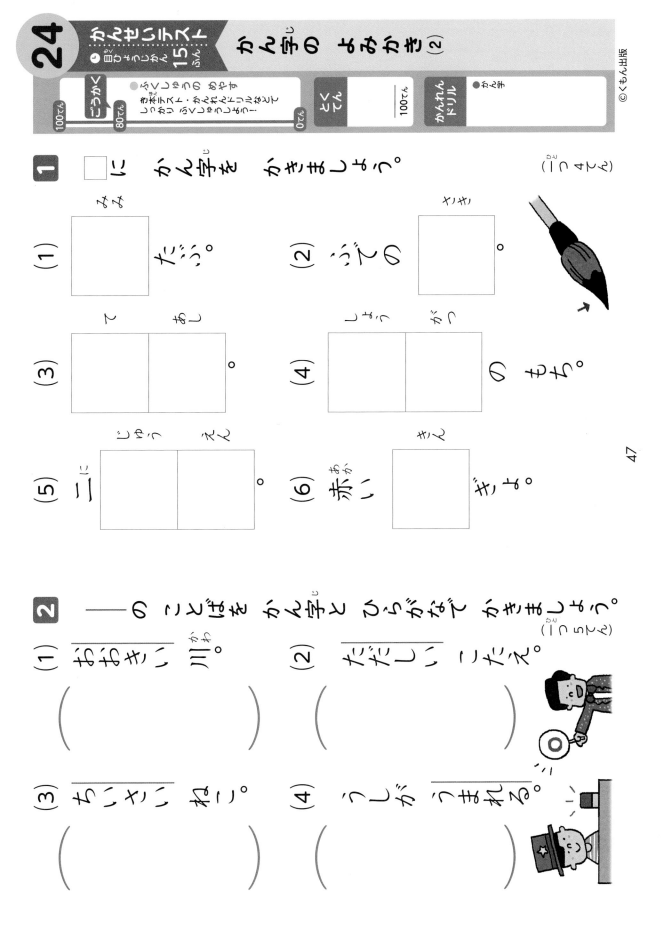

ごうかく 100てん 80てん 0てん

●ふくしゅうの めやす
き本テスト・かんれんドリルなどで しっかり ふくしゅうしょう！

とくてん ／100てん

かんれんドリル ●かん字

1 □に かん字を かきましょう。（一つ 4てん）

(1) [みみ]たぶ。

(2) ふでの [さき]。

(3) [て][あし]。

(4) [しょう][がつ]の もち。

(5) 二[じゅう][えん]。

(6) 赤い [きん]ぎょ。

2 ——の ことばを かん字と ひらがなで かきましょう。（一つ 5てん）

(1) おおきい 川。（　　）

(2) ただしい こたえ。（　　）

(3) ちいさい ねこ。（　　）

(4) うしが うまれる。（　　）

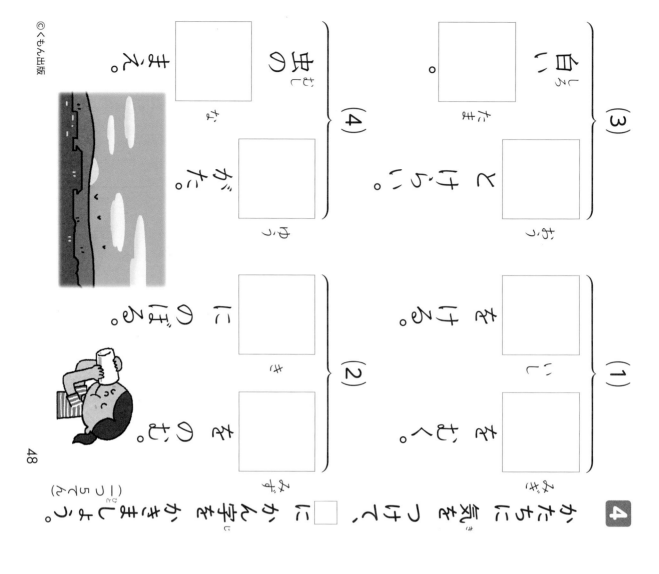

3 かきじゅんの　正(ただ)しい　ほうに、○を　つけましょう。（一(ひと)つ　4てん）

(1)
（　）丶 亠 亣 文
（　）丶 亠 ナ 文

(2)
（　）一 ナ 𠂇 左 左
（　）ノ ナ 𠂇 左 左

(3)
（　）丶 丷 少 火
（　）丶 リ 少 火

(4)
（　）丨 十 屮 出 出
（　）𠃊 凵 屮 出 出

4 かたちに　気(き)を　つけて、□に　かん字(じ)を　かきましょう。（一(ひと)つ　5てん）

(1)
□(みぎ)を　むく。
□(いし)を　ける。

(2)
□(みず)を　のむ。
□(き)に　のぼる。

(3)
□(おう)と　けらい。
白(しろ)い　□(たま)。

(4)
□(ゆう)がた。
虫(むし)の　□(な)まえ。

25

き本テスト①
目ひょうじかん 15ふん

かん字の よみかき(3)

き本の もんだいの チェックだよ。できなかった もんだいは、しっかり 学しゅうしてから かんせいテスト を やろう！

とくてん　　100てん

かんれんドリル　●かん字

〈かん字の よみ〉

1 ―の かん字の よみかたを かきましょう。（一つ 5てん）

(1) はしらが 立つ。（　　）

(2) なつ 休み。（　　）

(3) 本を よむ。（　　）

(4) 天気。（　　）

(5) 早口ことば。（　　）

(6) 花火。（　　）

ぜんぶ できたら　　30てん

〈二とおりの かん字の よみ〉

2 ―の かん字の よみかたを かきましょう。（一つ 5てん）

(1) 年を とる。（　　）
一年生。（　　）

(2) 草が のびる。（　　）
草げん。（　　）

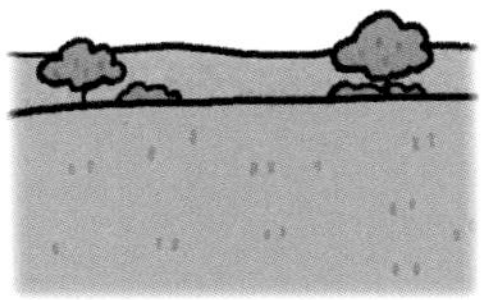

ぜんぶ できたら　　20てん

3 〈おくりがなに 気を つける かん字〉

――の ひらがなに 気を つけて、□に かん字を かきましょう。（一つ5てん）

(1) かぜで □(やす)む。

(2) □(はや)く おきる。

10てん　ぜんぶ できたら

4 〈かん字の かき〉

□に かん字を かきましょう。（一つ5てん）

(1) □(いと)でんわ。

(2) □(たけ)とんぼ。

(3) □(き)が つく。

(4) □(とし)が わかい。

(5) □(か)だんの 土(つち)。

(6) □(むし)めがね。

(7) 小(しょう)□(がっ)校(こう)。

(8) ざっ□(そう)を ぬく。

40てん　ぜんぶ できたら

26 き本テスト② かん字の よみかき(3)

目ひょうじかん 15ふん

きほんの もんだいの チェックだよ。できなかった もんだいは、しっかり 学しゅうしてから かんせいテスト を やろう！

とくてん ／100てん

かんれんドリル ●かん字

1 〈かん字の よみ〉

——の かん字の よみかたを かきましょう。（一つ 5てん）

(1) 赤しんごう。（　　）

(2) 林の 中。（　　）

(3) 下を 見る。（　　）（　　）

(4) 大雨に なる。（　　）

(5) 学校。（　　）

(6) 足音。（　　）

30てん　ぜんぶ できたら

2 〈二とおりの かん字の よみ〉

——の かん字の よみかたを かきましょう。（一つ 5てん）

(1) 車に のる。（　　）
でん車の まど。（　　）

(2) 広い 空。（　　）
空気。（　　）

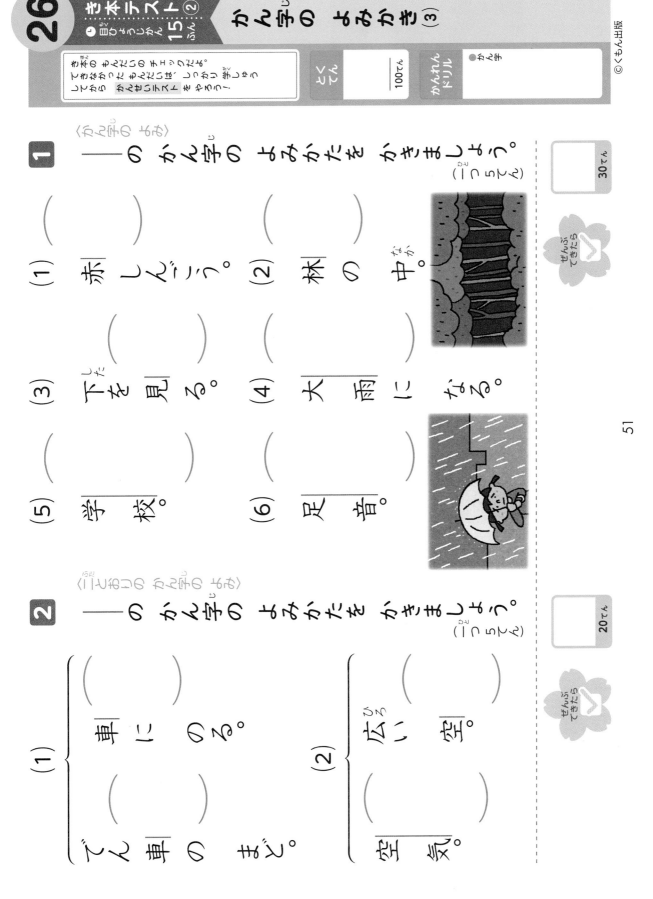

20てん　ぜんぶ できたら

〈おくりがなに 気を つける かん字〉

3

――の ひらがなに 気を つけて、□に かん字を かきましょう。（一つ5てん）

(1) ほおが □(あか)い。

(2) □(あお)い くつ。

10てん

ぜんぶ できたら

〈かん字の かき〉

4

□に かん字を かきましょう。（一つ5てん）

(1) □(かい)がら。

(2) □(おん)がくの 先生。

(3) かん□(じ)。

(4) □(あめ)が ふる。

(5) □(まち)はずれ。

(6) □(むら)まつり。

(7) □(もり)の どうぶつ。

(8) じてん□(しゃ)。

40てん

ぜんぶ できたら

27 かんせいテスト かん字の よみかき(3)

目ひょうじかん 15ふん

ごうかく 100てん 80てん 0てん

ふくしゅうの めやす
き本テスト・かんれんドリルなどで しっかり ふくしゅうしましょう！

とくてん　　/100てん

かんれんドリル
●かん字

1 □に かん字を かきましょう。（一つ 4てん）

(1) やくに □(た)つ。

(2) □□(おおあめ)。

(3) よい □□(てんき)。

(4) □□(あしおと)。

(5) はれた □(そら)。

(6) うち上(あ)げ □□(はなび)。

2 ――の ことばを、かん字と ひらがなで かきましょう。（一つ 5てん）

(1) やすみの 日(ひ)。（　　）

(2) 夕日(ゆうひ)が あかい。（　　）

(3) あおい うみ。（　　）

(4) はやく ねる。（　　）

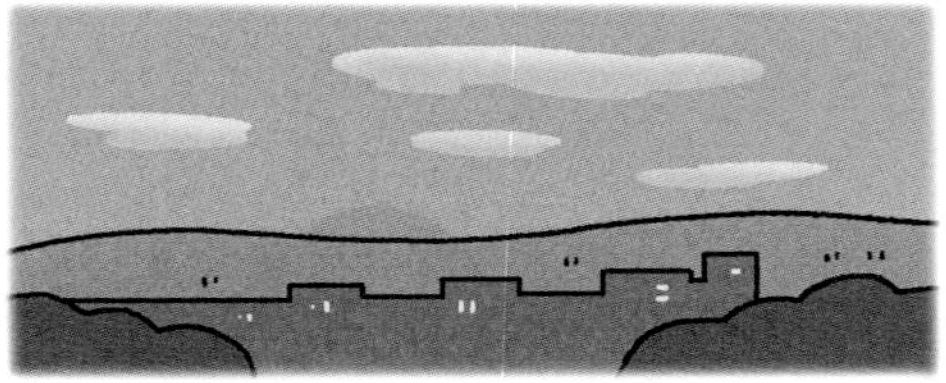

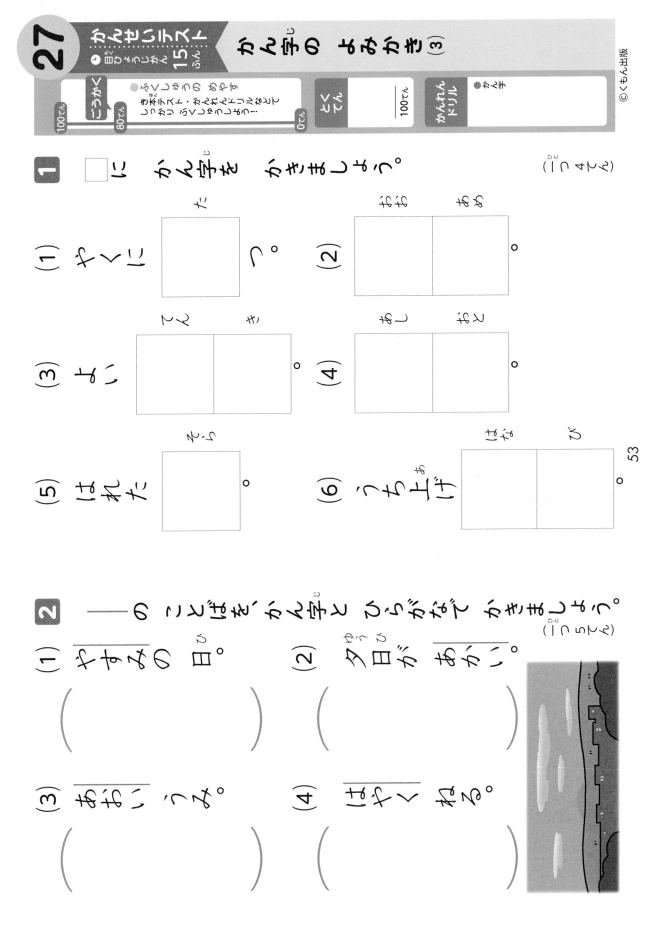

3 かきじゅんの　正(ただ)しい　ほうに、〇を　つけましょう。（一(ひと)つ　4てん）

(1)
（　）幺　糸（途中）　糸（途中）　糸
（　）幺　糸（途中）　糸（途中）　糸

(2)
（　）冂　円（途中）　田（途中）　田　町
（　）冂　罒（途中）　田（途中）　田　町

(3)
（　）年（途中）　年（途中）　年（途中）　年
（　）年（途中）　年（途中）　年（途中）　年

(4)
（　）一　十　艹　草（途中）　草
（　）丶　丷　艹　草（途中）　草

4 かたちに　気(き)を　つけて、□に　かん字(じ)を　かきましょう。（一(ひと)つ　5てん）

(1)
□(かい)を　ひろう。
左右(さゆう)を　□(み)る。

(2)
まつの　□(はやし)。
にぎやかな　□(むら)。

(3)
□(き)が　のびる。
□(ほん)を　ひらく。

(4)
□(じ)を　かく。
入(にゅう)□(がく)しき。

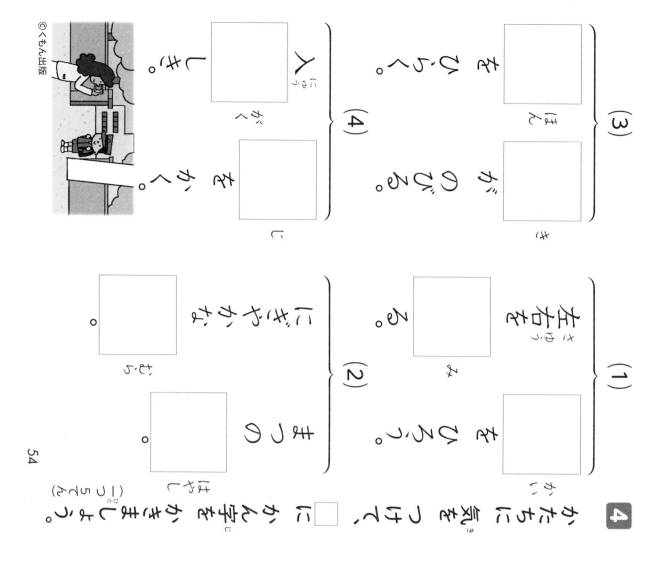

28 き本テスト① さく文の かきかた

・できごとや ようすを かく

目ひょうじかん 30ぷん

き本の もんだいの チェックだよ。できなかった もんだいは、しっかり 学しゅうしてから かんせいテスト を やろう！

とくてん ／100てん

かんれんドリル ●言葉と文 41〜48ページ

1 〈して いる ことを かく〉 なにを して いますか。えを 見て、文を かきましょう。（一つ10てん）

40てん

〈れい〉

ぼくは、手を あらって います。

(1)

ぼくは、

(2)

わたしは、

(3)

子犬が、

(4)

イルカが、

ぜんぶ できたら

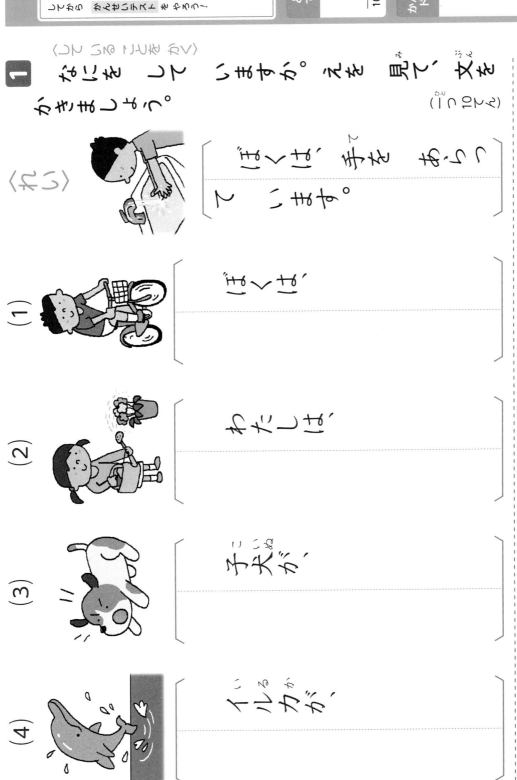

言葉と文 41〜48ページ

〈あった ことや ようすを かく〉

2 さく文(ぶん)を よんで、もんだいに こたえましょう。

ぼくと おとうとは、ちかくの こうえんへ いきました。はじめ、ぼくは、ぶらんこに のりました。おとうとが、「シーソー(しいそう)に のろう。」と いったので、ふたりで シーソー(しいそう)に のる ことに しました。

(1) どこへ いった ときの ことを さく文(ぶん)に かいて いますか。 (20てん)

〔　　　〕

(2) はじめ、「ぼく」は、なにを しましたか。 (20てん)

〔　　　〕

(3) おとうとが いった ことばを かいて いる ところに、――を ひきましょう。 (20てん)

言葉と文 41~48ページ

ぜんぶ できたら

60てん

29 き本テスト② 目ひょうじかん 30ぷん

さく文の かきかた

・できごとや ようすを かく

き本の もんだいの チェックだよ。できなかった もんだいは、しっかり 学しゅうしてから かんせいテスト を やろう！

とくてん　　/100てん

かんれんドリル　●言葉と文　41～48ページ

〈あった ことや した ことを かく〉

1 さく文を よんで、もんだいに こたえましょう。　　/50てん

1 きのう、犬の 赤ちゃんが うまれました。

2 小さくて、とても かわいかったです。

3 子犬が おちちを のんで いる とき、わたしは、そっと ゆびで さわって みました。

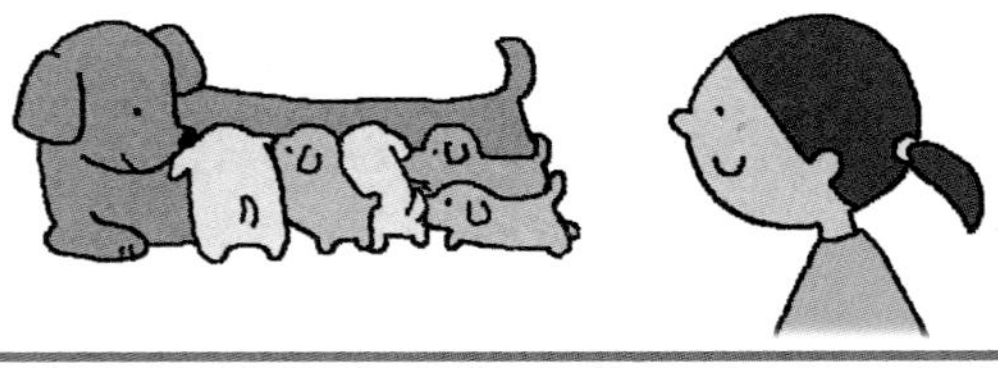

(1) いつの ことを、さく文に かいて いますか。(15てん)
［　　　　］

(2) なにが うまれた ことを、さく文に かいて いますか。(15てん)
［　　　　］

(3) 赤ちゃんを さわって おもった ことを かこうと おもいます。1から 3の どの まとまりに かくと よいですか。(20てん)
□の まとまり。

ぜんぶ できたら

言葉と文 41～48ページ

2 さく文を よんで、もんだいに こたえましょう。

〈した ことや ようすを かく〉

1 日よう日、いえの にわに、チューリップの きゅうこんを うえました。

2 花だんの ざっ草や ごみを とったり、土を スコップで ほって、やわらかく したり しました。

3 それから、土に 小さな あなを あけて、きゅうこんを 入れました。

4 はる、どんな 花が さくのか、と ても たのしみです。

(1) いつの ことを、さく文に かいて いますか。(15てん)

〔　　　　〕

(2) なにを うえた ことを、さく文に かいて いますか。(15てん)

〔　　　　〕

(3) かいた 人が 気もちを かいて いるのは、1から 4の どの まとまりですか。(20てん)

□の まとまり。

50てん

ぜんぶ できたら

言葉と文 41~48ページ

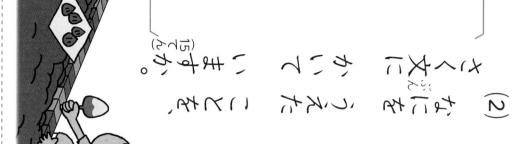

30 かんせいテスト

目ひょうじかん 30ぷん

さく文の かきかた

・できごとや ようすを かく

ごうかく 100てん 80てん 0てん

●ふくしゅうの めやす
き本テスト・かんれんドリルなどで しっかり ふくしゅうしよう！

とくてん ／100てん

かんれんドリル
●言葉と文 41～48ページ

★ さく文を よんで、もんだいに こたえましょう。

1 わたしは、ずこうの じかんに、おべんとうを つくりました。

2 はじめに、かみねん土を まるめて、大すきな おおむすびを つくりました。赤い シールを まん中に はって、うめの おむすびに しました。

(1) なんの じかんの ことを、さく文に かいて いますか。（15てん）

［　　　　］

(2) なにを した ことを、さく文に かいて いますか。（15てん）

［　　　　］

(3) つくった おむすびに 赤い シールを はって なにに したと かいて いますか。（20てん）

［　　　　］

それから、ちゃいろの　かみねん土(ど)で、ハンバーグを　つくりました。つぎに、きみどりいろの　おりがみで、レタスを　つくりました。おむすびと　ハンバーグと　レタスを、あきばこに　つめました。おべんとうが　できあがりました。となりの　せきの　けんたさんが、

「おいしそうだね。」

と　いいました。

3　わたしは、おいしそうな　おべんとうが　できて、うれしいなと　おもいました。

(4)　2の　まとまりに、つくった　ことを　かいて　いない　ものを　一(ひと)つ　えらんで　×を　つけましょう。　(15てん)

ア（　）おりがみの　レタス。

イ（　）かみねん土(ど)の　おむすび。

ウ（　）おりがみの　ハンバーグ。

(5)　けんたさんが　いった　ことばを　かいて　いる　ところに、――を　ひきましょう。　(15てん)

(6)　じぶんの　気(き)もちを　かいて　いるのは、1から　3の　どの　まとまりですか。　(20てん)

□の　まとまり。

31 き本テスト
目ひょうじかん 30ぷん

どうわの よみとり(1)

・ばめんの ようす「はじめは『や！』」

き本の もんだいの チェックだよ。できなかった もんだいは、しっかり 学しゅうしてから かんせいテスト を やろう！

とくてん　100てん

かんれんドリル
●文しょうの読解 37～46ページ

〈ばめんの ようすを よみとる〉

★ 文しょうを よんで、もんだいに こたえましょう。

くまさんは、本やさんで 本を かいました。それから みどりの こうえんに いきました。そこには、いつも くまさんが すわる ベンチが ありました。

くまさんは、そこで ひと休み。ぼうしを とって、ベンチに おいて ひと休み。

すると、むこうから、また また さっきの きつねさんが やって きました。

(1) くまさんは、なにを かいましたか。(15てん)

(2) みどりの こうえんには なにが ありましたか。(20てん)

(3) むこうから やって きたのは、だれですか。(15てん)

50てん

ぜんぶ できたら

文しょうの読解 37～46ページ

きつねさんは、にもつを　いっぱい　もって　います。

（きつねさん、ちょっと　休んで　いくと　いいのに。）

それで　くまさんは、ベンチに　おいた　ぼうしを　とって、そっと　ひざに　おきました。

きつねさんが　すわりました。

でも、ふたり　は　まだ　ともだちじゃ　ないから、

「……。」

「……。」

で、すこし　すまして、

「や。」

「……や。」

(4) きつねさんは、なにを　もって　いましたか。（15てん）

〔　　　〕

(5) 〰〰は、おもった　ことですか。それとも、はなした　ことですか。（15てん）

〔　　　〕

(6) ふたり　は、すこし　すまして　なにを　いいましたか。（20てん）

〔「　　」「　　」〕

ごうかく 80てん
ふくしゅうの めやす
き本テスト・かんれんドリルなどで しっかり ふくしゅうしよう！

どうわの よみとり (1)

・ばめんの ようす「はじめは『や！』」

とくてん　／100てん

かんれんドリル
●文しょうの読解 37〜46ページ

★ 文しょうを よんで、もんだいに こたえましょう。

くまさんは、本やさんで 本を かいました。それから みどりの こうえんに いきました。そこには、いつも くまさんが すわる ベンチが ありました。

くまさんは、そこで ひと休み。ぼうしを とって、ベンチに おいて ひと休み。

すると、むこうから、また また さっきの きつねさんが やって きました。

(1) くまさんは、みどりの こうえんに いって なにを しましたか。正しい ものを 一つ えらんで、○を つけましょう。(15てん)

ア（　　）かって きた 本を よんだ。

イ（　　）ベンチを さがした。

ウ（　　）ベンチに すわって 休んだ。

(2) くまさんは、ぼうしを どう しましたか。(15てん)

〔　　　　　　　　〕

きつねさんは、にもつを　いっぱい　もって　います。

（きつねさん、ちょっと休んで　いくと　いいのに。）

それで　くまさんは、ベンチに　おいた　ぼうしを　とって、そっと　ひざに　おきました。

きつねさんが　すわりました。

でも、ふたりは　まだ　ともだちじゃ　ないから、

「……。」

「……。」

で、すこし　すまして、

「や。」

「……や。」

(3)　むこうから　やって　くる　きつねさんの　ようすが　わかる　ところを　さがして、上の　文しょうに　――を　ひきましょう。（20てん）

(4)　くまさんが　ぼうしを　ひざに　おいたのは　なぜですか。（　）に　あう　ことばを　かきましょう。（一つ15てん）

〔（①　　）が、（②　　）に　すわれるように　するため。〕

(5)　ふたりは、どんな　ようすで　「や。」「……や。」と　いいましたか。（20てん）

〔　　　　ようす。〕

33 き本テスト

目ひょうじかん 30ぷん

どうわの よみとり(2)

・ようすや 気もち 「おとうと ねずみ チロ」

き本の もんだいの チェックだよ。できなかった もんだいは、しっかり 学しゅうしてから かんせいテスト を やろう！

とくてん ／100てん

かんれんドリル
●文しょうの読解 37〜46ページ 59〜66ページ

〈ようすや 気もちを よみとる〉

★ 文しょうを よんで、もんだいに こたえましょう。

　ある 日、三びきの ねずみの きょうだいの ところへ、おばあちゃんから 手がみが とどきました。

　それには、こんな ことが かいて ありました。

　あたらしい けいとで、おまえたちの チョッキを あんでいます。けいとの いろは、赤と 青です。もう すぐ あみあがります。たのしみに まって いて ください。

　さあ、三びきは 大よろこび。

「ぼくは 赤が いいな。」

(1) だれから 「手がみが とどきました」か。(15てん)

〔　　　〕

(2) 手がみには、なにを あんで いると かいて ありましたか。(15てん)

〔　　　〕

(3) 手がみを よんで、三びきは どう しましたか。(20てん)

〔　　　〕

50てん

ぜんぶ できたら

文しょうの読解 37〜46ページ

文しょうの読解 59〜66ページ

にいさんねずみが　いいました。

「わたしは　青が　すき。」

ねえさんねずみが　いいました。

「ぼくは　赤と　青。」

おとうとねずみが　いいました。

「チロのは　ないよ。」

にいさんねずみが　いいました。

チロと　いうのは、おとうとねずみの　名まえです。

「そうよ。青いのと　赤いのだけよ。」

ねえさんねずみが　いいました。

「そんな　こと　ないよ。ぼくのも　あるよ。」

チロは、あわてて　いいかえしましたが、ほんとうは、とても　しんぱいでした。

(4) にいさんねずみは、なにいろが　いいと　いいましたか。（15てん）

[　　　　]

(5) おとうとねずみの　名まえは　なんですか。（15てん）

[　　　　]

(6) おとうとねずみの　チョッキが　ないと　いったのは、だれと　だれですか。（20てん）

[　　　　]

50てん

ぜんぶ　できたら

文しょうの読解 37～46ページ

文しょうの読解 59～66ページ

34 かんせいテスト①

目ひょうじかん 30ぷん

どうわの よみとり(2)

・ようすや 気もち 「おとうとねずみ チロ」

100てん　ごうかく 80てん　0てん

●ふくしゅうの めやす
き本テスト・かんれんドリルなどで しっかり ふくしゅうしよう！

とくてん　／100てん

かんれんドリル　●文しょうの読解 37〜46ページ 59〜66ページ

★ 文しょうを よんで、もんだいに こたえましょう。

ある 日、三びきの ねずみの きょうだいの ところへ、おばあちゃんから 手がみが とどきました。

それには、こんな ことが かいて ありました。

あたらしい けいとで、おまえたちの チョッキを あんで います。けいとの いろは、赤と 青です。もう すぐ あみあがります。たのしみに まって いて ください。

さあ、三びきは 大よろこび。

「ぼくは 赤が いいな。」

(1) 手がみに かいて いない ものを 一つ えらんで ×を つけましょう。(15てん)

ア（　）あたらしい けいとで あんで いる。

イ（　）チョッキを 三つ あんで いる。

ウ（　）チョッキは もう すぐ あみあがる。

(2) なぜ 「大よろこび」したのですか。(15てん)

〔　　　　〕

にいさんねずみが いいました。
「わたしは 青が すき。」
ねえさんねずみが いいました。
「ぼくは 赤と 青。」
おとうとねずみが いいました。
「チロのは ないよ。」
にいさんねずみが いいました。
チロと いうのは、おとうとねずみの 名まえです。
「そうよ。青いのと 赤いのだけよ。」
ねえさんねずみが いいました。
「そんな こと ないよ。
ぼくのも あるよ。」
チロは、あわてて いいかえしましたが、ほんとうは、とても しんぱいでした。

(3) おとうとねずみが、はなした ところ ぜんぶに ――を ひきましょう。（20てん）

(4) 「チロのは ないよ。」と にいさんねずみが いったのは なぜですか。（　）に あう ことばを かきましょう。（一つ15てん）

手がみの なかに、（①　　）の いろが 赤と（②　　）の 二つしか かいて なかったから。

(5) チロは、いいかえした とき、どんな 気もちでしたか。（20てん）

〔　　　　気もち。〕

どうわの よみとり(2)

・ようすや 気もち「うみへの ながい たび」

とくてん　　/100てん

かんれんドリル
●文しょうの読解 37～46ページ 59～66ページ

★ 文しょうを よんで、もんだいに こたえましょう。

かあさんぐまの おもいは、まちがって いなかった。なつかしい なみの 音。しおかぜの におい。うみだ。うみに もどって きたのだ。

「ここが うみだよ。おまえたちが これから くらす ところ。しっかり およぎを おぼえるんだ。それから、えさとりもね。」

きょうだいは、うまれて はじめて 見る うみの ひろさに 目を みはった。

それから、そろって 大きく うなずいた。

「うん。」

(1) かあさんぐまは、うみに もどって きた ことを、どんな ことから しりましたか。二つ かきましょう。（一つ 15てん）

・

・

(2) おまえたちとは、だれの ことですか。（15てん）

(3) きょうだいたちは、ひろい うみを 見て、どう しましたか。（15てん）

それから、二年半(にねんはん)ばかりが すぎる。

㋐ きょうだいは、青(あお)い 大(おお)きな うみを あいてに、すくすく そだった。

えさとりも うまく なり、おいしい あざらしも たっぷり とって、もう 一人前(いちにんまえ)だ。

㋑ よく ねむり、おきると ふたりで ふざけあい、うみへ はいって しっかり およぎ、よく たべて は 日(ひ)なたぼっこも ゆっくりと。

このように して、何百(なんびゃく) 何千(なんぜん)もの 白(しろ)くまの 親子(おやこ)が、きたの うみで、きょうも くらして いる……。

(4) どれ くらい じかんが すぎたのか わかる ところに ――を ひきましょう。(15てん)

(5) きょうだいたちの いまの くらしの ようすが かかれて いる ところは、㋐――の ぶぶんですか。それとも ㋑＝＝の ぶぶんですか。きごうを かきましょう。(15てん)

[ ]

(6) 何百(なんびゃく) 何千(なんぜん)もの 白(しろ)くまの 親子(おやこ)は、どこで くらして いますか。(10てん)

[ ]

(令和2年度版 教育出版 ひろがることば しょうがくこくご二下)

36 き本テスト

目ひょうじかん 30ぷん

せつめい文の よみとり(1)

・正しく よみとる「じどう車くらべ」

き本の もんだいの チェックだよ。できなかった もんだいは、しっかり 学しゅうしてから かんせいテスト を やろう！

とくてん　/100てん

かんれんドリル　●文しょうの読解 25〜34ページ

〈かかれて いる ことを 正しく よみとる〉

★ 文しょうを よんで、もんだいに こたえましょう。

バスや じょうよう車は、人を のせて はこぶ しごとを して います。

その ために、ざせきの ところが、ひろく つくって あります。そとの けしきが よく 見えるように、大きな まどが たくさん あります。

トラックは、にもつを はこぶ しごとを して います。

(1) バスや じょうよう車は、なにを のせて はこぶ しごとを して いますか。(20てん)

〔　　　　〕

(2) トラックは、なにを はこぶ しごとを して いますか。(20てん)

〔　　　　〕

40てん

ぜんぶ できたら

文しょうの読解 25〜34ページ

その ために、うんてんせきの ほかは、ひろい にだいに なって います。

おもい にもつを のせる トラック(とらっく)には、タイヤ(たいや)が たくさん ついて います。

クレーン車(くれえんしゃ)は、おもい ものを つり上(あ)げる しごとを して います。

その ために、じょうぶな うでが、のびたり うごいたり するように、つくって あります。車(しゃ)たいが かたむかないように、しっかりした あしが、ついて います。

（令和2年度版 光村図書 こくご二下 ともだち 29〜31ページより）

(3) トラック(とらっく)の つくりに ついて、（ ）に あう ことばを かきましょう。（一(ひと)つ20てん）

ひろい （①　　　） が ある。

タイヤ(たいや)が （②　　　） ついて いる。

(4) クレーン車(くれえんしゃ)は、どんな しごとを して いますか。（20てん）

［　　　　　　　　　　しごと。］

文しょうの読解 25〜34ページ

ぜんぶ できたら

60てん

37 かんせいテスト

目ひょうじかん 30ぷん

ごうかく 100てん 80てん 0てん
ふくしゅうの めやす
き本テスト・かんれんドリルなどで しっかり ふくしゅうしよう！

せつめい文の よみとり(1)

・正しく よみとる「じどう車くらべ」

とくてん　　100てん

かんれんドリル
●文しょうの読解 25～34ページ

★文しょうを よんで、もんだいに こたえましょう。

バスや じょうよう車は、人を のせて はこぶ ［し］［ごと］を して います。

その ために、ざせきの ところが、ひろく つくって あります。そとの けしきが よく 見えるように、大きな まどが たくさん あります。

トラックは、にもつを はこぶ しごとを して います。

(1) バスや じょうよう車は、どんな ［しごと］を して いますか。（20てん）

［　　　　　　　　しごと。］

(2) バスや じょうよう車の つくりに ついて、正しく ない ものを 一つ えらんで、×を つけましょう。（20てん）

ア（　）ざせきが ひろい。

イ（　）にだいが ひろい。

ウ（　）大きな まどが たくさん ある。

その　ために、うんてんせきの　ほかは、ひろい　にだいに　なって　います。

おもい　にもつを　のせる　トラック（とらっく）には、タイヤ（たいや）が　たくさん　ついて　います。

クレーン車（くれえんしゃ）は、おもい　ものを　つり上（あ）げる　しごとを　して　います。

その　ために、じょうぶな　うでが、のびたり　うごいたり　するように、つくって　あります。車（しゃ）たいが　かたむかないように、しっかりした　あしが、ついて　います。

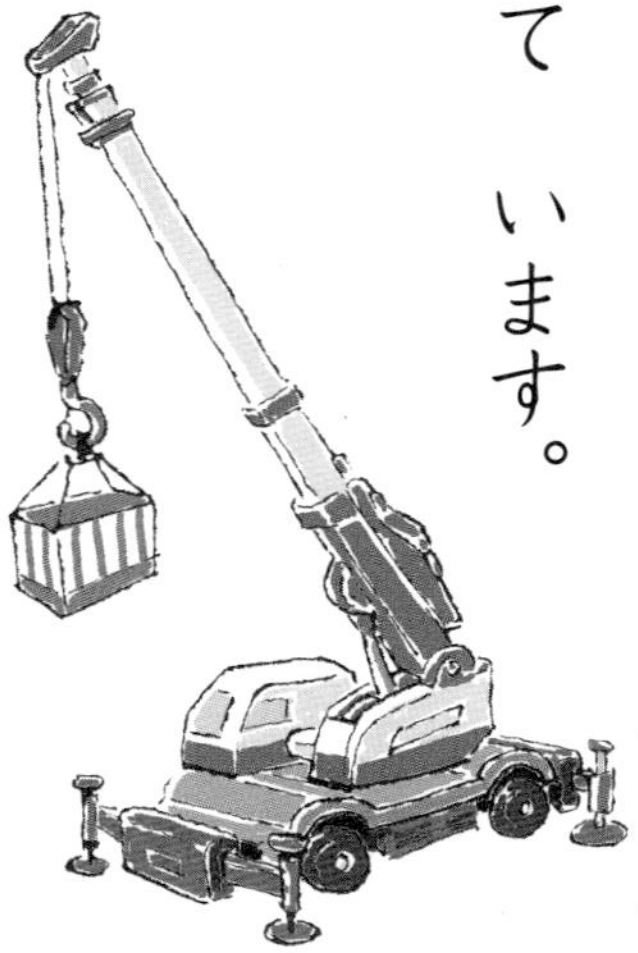

（令和2年度版　光村図書　こくご二下　ともだち　29〜31ページより）
『じどう車くらべ』

(3)　トラック（とらっく）に「タイヤ（たいや）が　たくさん　ついて」いるのは、どうしてですか。（20てん）

（　　　　）

(4)　クレーン車（くれえんしゃ）は、「おもい　ものを　つり上（あ）げる」ために、どんな　つくりに　なって　いますか。二（ふた）つ　かきましょう。（一（ひと）つ20てん）

・（　　　　）

・（　　　　）

せつめい文の よみとり(2)

・だいじな ところ「めだかの ぼうけん」

き本の もんだいの チェックだよ。できなかった もんだいは、しっかり 学しゅうしてから かんせいテスト を やろう!

とくてん	/100てん

かんれんドリル ●文しょうの読解 69〜76ページ

〈だいじな ところを よみとる〉

★ 文しょうを よんで、もんだいに こたえましょう。

なつの おわり、たいふうが やって きました。たくさん ふった 雨で、田んぼの 水が ながれ出しました。田んぼの 水は、ちかくの 川に ながれました。

めだかは、どう なったでしょう。めだかは、田んぼの ちかくの 川に いました。あふれた 田んぼの 水と いっしょに 川に もどったのです。

(1) なつの おわりに、なにが きましたか。(20てん)

[　　　　]

(2) 「めだかは、どう なったでしょう。」と ありますが、めだかは どこに いましたか。(20てん)

[　　　　]

40てん

ぜんぶ できたら

文しょうの読解 69〜76ページ

あき、いねは　たくさん
おこめを　みのらせました。
でも、田んぼに　水は　あ
りません。おこめを　たく
さん　とる　ために、田ん
ぼの　水は　ぬかれて　しま
うのです。
めだかは、はるに　川か
ら　田んぼに　やって　きて
なかまを　ふやし、あきか
ら　ふゆに　かけて、川に
もどって　はるを　まちま
す。めだかは　きせつに
よって、すむ　ところを
かえて　くらします。小さ
な　からだで　水を　おいか
けて、ぼうけんするのです。

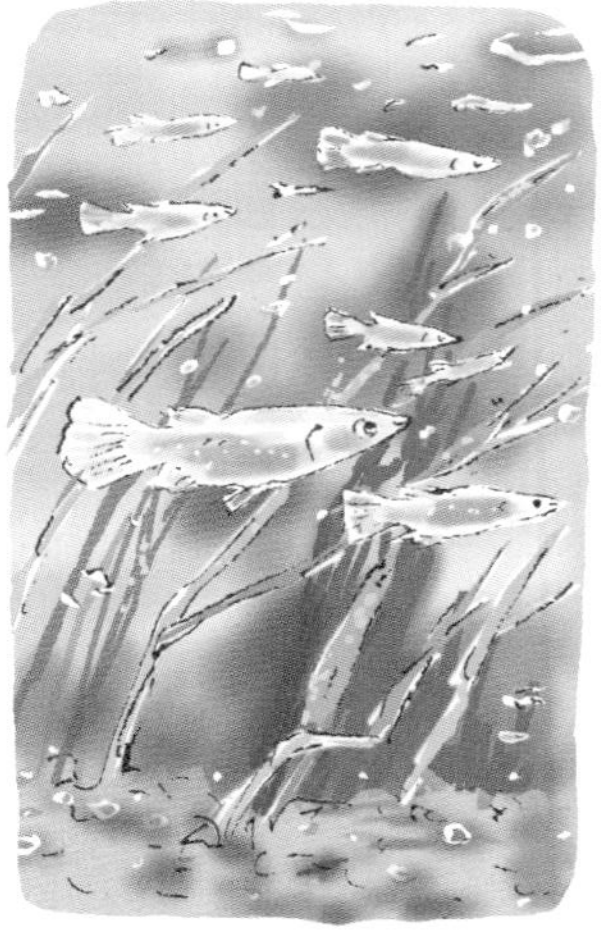

（令和２年度版　学校図書　みんなとまなぶ　しょうがっこうこくご　二ねん下

(3) あきに、いね　は　どう　なりま　したか。（20てん）

[　　　　　　　　]

(4) 「田んぼに　水　はありません」と　ありますが、なぜですか。文しょうの　わかる　ところに　――を　ひきましょう。（20てん）

(5) めだかは、どの　きせつに　川から　田んぼに　きますか。（20てん）

[　　　　　　　　]

文しょうの読解　69～76ページ

ぜんぶ　できたら

60てん

せつめい文の よみとり(2)

・だいじな ところ「めだかの ぼうけん」

ごうかく 100てん 80てん 0てん
●ふくしゅうの めやす
き本テスト・かんれんドリルなどで しっかり ふくしゅうしよう！

とくてん　／100てん

かんれんドリル
●文しょうの読解 69～76ページ

★ 文しょうを よんで、もんだいに こたえましょう。

なつの おわり、たいふうが やって きました。たくさん ふった 雨で、田んぼの 水が ながれ出しました。田んぼの 水は、ちかくの 川に ながれました。

めだかは、どう なったでしょう。めだかは、ちかくの 川に いました。あふれた 田んぼの 水と いっしょに 川に もどったのです。

(1) たくさん ふった 雨で、田んぼの 水は どこへ いきましたか。(20てん)

〔　　　　〕

(2) めだかが、「ちかくの 川」に いたのは なぜですか。(　)に あうことばを かきましょう。(一つ15てん)

〔あふれた ①(　　　)と いっしょに、②(　　　)に もどったから。〕

あき、いねは　たくさん　おこめを　みのらせました。でも、田んぼに　水は　ありません。おこめを　たくさん　とる　ために、田んぼの　水は　ぬかれて　しまうのです。

めだかは、はるに　川から　田んぼに　やって　きて　なかまを　ふやし、あきから　ふゆに　かけて、川に　もどって　はるを　まちます。めだかは　きせつに　よって、すむ　ところを　かえて　くらします。小さな　からだで　水を　おいかけて、ぼうけんするのです。

(3)　あきの　田んぼに　ついて、正しく　ない　ものを　一つ　えらんで、×を　つけましょう。(15てん)

ア（　）田んぼの　水は　ぬかれて　いる。

イ（　）田んぼには　めだかは　いない。

ウ（　）田んぼに　水を　入れて　いる。

(4)　めだかは、なつには　どこに　いますか。(15てん)

［　　　　　］

(5)　[　　]のような　めだかの　くらしを、四文字の　ことばで、なんと　あらわして　いますか。かきましょう。(20てん)

（令和２年度版　学校図書　みんなとまなぶ　しょうがっこうこくご一ねん下）

40 かんせいテスト②

目ひょうじかん 30ぷん

ごうかく 80てん ／ 100てん ／ 0てん
● ふくしゅうの めやす
き本テスト・かんれんドリルなどで しっかり ふくしゅうしよう！

せつめい文の よみとり(2)

・だいじな ところ「どうぶつの 赤ちゃん」

とくてん ／100てん

かんれんドリル ●文しょうの読解 69〜76ページ

★ 文しょうを よんで、もんだいに こたえましょう。

ライオンの 赤ちゃんは、生まれた ときは、子ねこぐらいの 大きさです。目や 耳は、とじた ままです。ライオンは、どうぶつの 王さまと いわれます。けれども、赤ちゃんは、よわよわしくて、おかあさんに あまり にて いません。

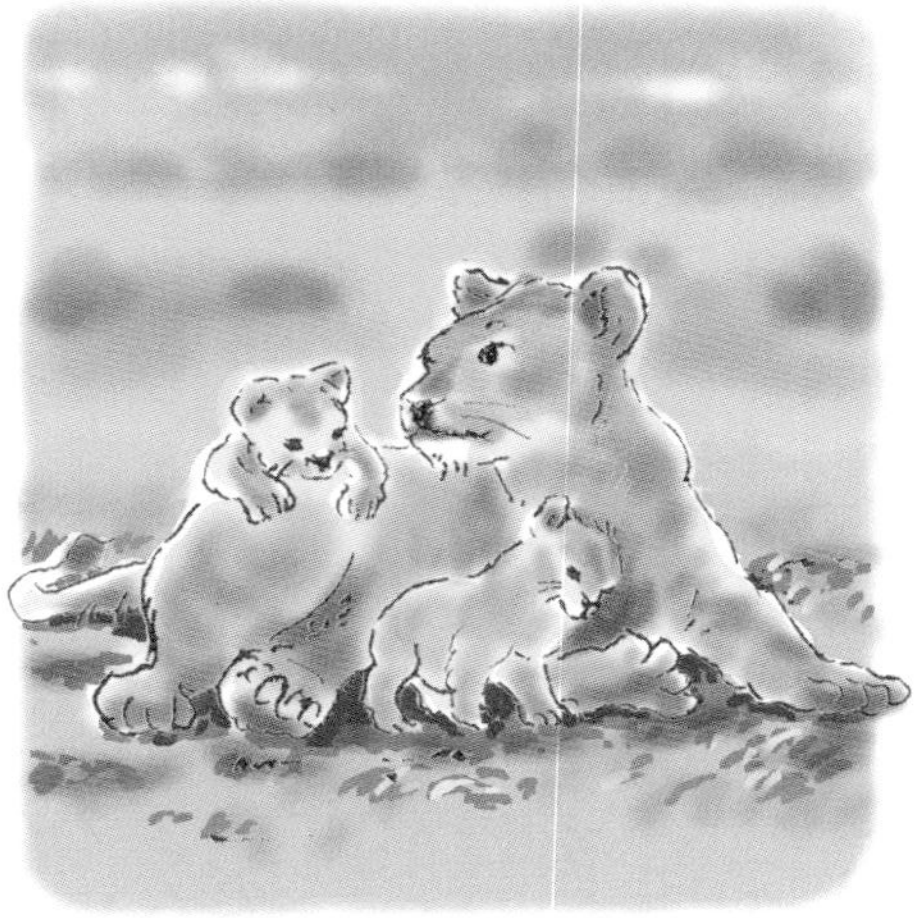

(1) ライオンの 赤ちゃんは、生まれた とき どの くらいの 大きさですか。（20てん）

〔　　　　ぐらい〕

(2) ライオンの 赤ちゃんに ついて、正しい ほうを えらんで、○を つけましょう。（20てん）

ア（　）生まれた ときは 目や 耳は とじた まま で よわよわしい。

イ（　）生まれた ときから おかあさんに そっくりで りっぱ。

ライオンの　赤ちゃんは、じぶんでは　あるく　ことが　できません。よそへ　いく　ときは、おかあさんに、口に　くわえて　はこんで　もらうのです。

ライオンの　赤ちゃんは、生まれて　二か月ぐらいは、おちちだけ　のんで　いますが、やがて、おかあさんの　とった　えものを　たべはじめます。一年ぐらい　たつと、おかあさんや　なかまが　するのを　見て、えものの　とりかたを　おぼえます。そして、じぶんで　つかまえて　たべるように　なります。

(3) ライオンの　赤ちゃんは、「じぶんでは　あるくことが　できません。」と　ありますが、どうやって　よそへ　いきますか。（20てん）

〔　　　　〕

(4) ライオンの　赤ちゃんが　おちちだけを　のんで　いるのは　いつごろまでですか。（20てん）

〔　　　　〕

(5) ライオンは、生まれて　一年ぐらい　たつと、なにを　おぼえますか。（20てん）

〔　　　　〕

41 目ひょうじかん 20ぷん

しあげテスト(1)

ごうかく 100てん 80てん 0てん
ふくしゅうの めやす
き本テストなどで しっかり ふくしゅうしよう！

とくてん　／100てん

1 えを 見て、上の ことばに つづく ことばを 下から えらんで、•—• で むすびましょう。(一つ5てん)

(1) ふうせんが　・　・すべる。

(2) ごみを　・　・すわる。

(3) すべりだいを　・　・とぶ。

(4) ベンチに　・　・すてる。

2 まちがって いる 字 ぜんぶに ×を つけて、正しく かきなおしましょう。(一つ10てん)

〈れい〉 おと~~お~~(う)とが、コップに こ~~う~~(お)りを 入れた。

(1) うんどおかいで つなひきお した。

(2) おとうさんわ、かいしゃえ いった。

(3) せんせえが、おうきい こえで よんだ。

3 えの ことばを、かたかなで かきましょう。（一つ5てん）

(1) ろけっと

（　　　　）

(2) へりこぷたあ

（　　　　）

(3) きゃべつ

（　　　　）

(4) ちょこれえと

（　　　　）

4 まちがって いる かん字 ぜんぶに ×を つけて、正しく かきなおしましょう。（一つ10てん）

〈れい〉米を ほって、西い 花の たねを まく。
土　白

(1) 木やさんで しって いる 入に あう。

(2) 二つ日の こうさてんを 石に まがる。

(3) はこの 中から 小さい ビー王を 貝つけた。

42 目ひょうじかん 30ぷん

しあげテスト(2)「まめ」

ごうかく 100てん 80てん 0てん
ふくしゅうの めやす
き本テストなどで しっかり ふくしゅうしよう！

とくてん　／100てん

★ 文しょうを よんで、もんだいに こたえましょう。

まめは たねです。生きて います。

まめを まいて、水を やりましょう。

なん日か すると、土が もり上がって、めが 出て きます。

そして、小さな はが 出て、くきが のびます。

やがて はの かずが、つぎつぎと ふえて いきます。

(1) なにに ついて かかれた 文しょうですか。（一つ 5てん）

（①　　　）は たねで、（②　　　）いる ことに ついて。

(2) まめを まいて、水を やると、どう なりますか。（一つ 10てん）

なん日か すると、（①　　　）が もり上がって、（②　　　）が 出て きます。

そして、小さな はが 出て、（③　　　）が のびます。

やがて はの かずが、つぎつぎと（④　　　）。

しばらく すると、花が さきます。
花が さいた あとに、あたらしい まめが できます。
まめは、さやに つつまれて そだちます。
まめは、じゅうぶんに みのると、さやから はなれます。
はなれた まめを よく 見ると、どの まめにも、へそが あります。ここで、さやに つながって、そだって いたのです。
まめは たねです。土に まくと、あたらしい まめが できるのです。

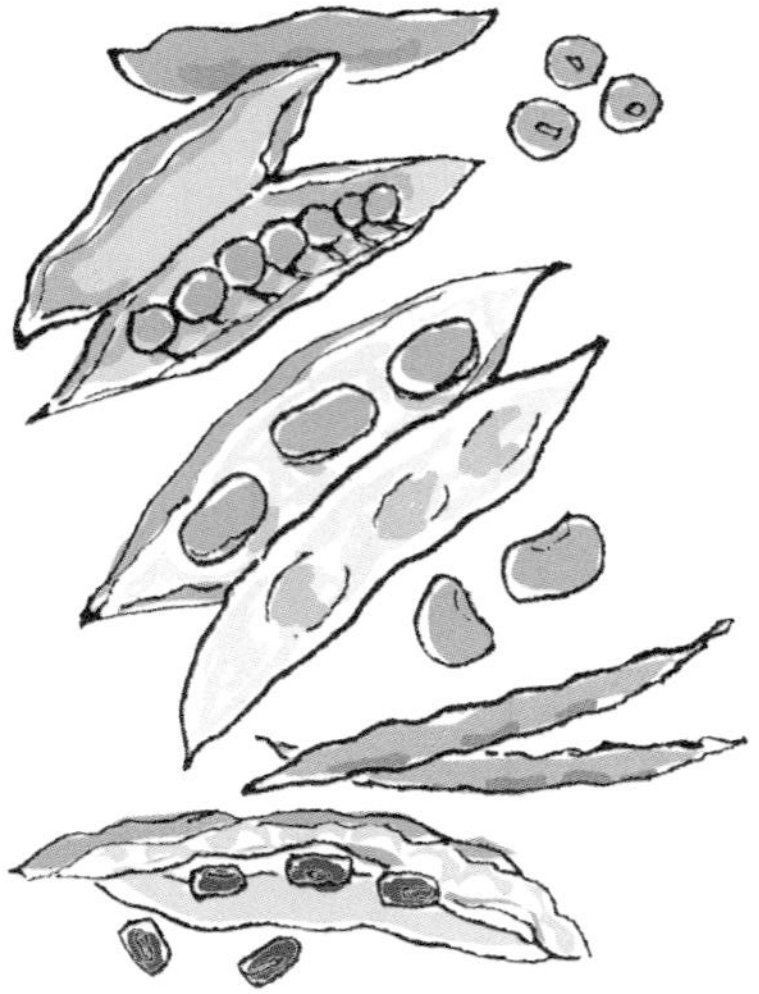

(3) 花が さいた あとに、なにが できますか。（10てん）

［　　　　　］

(4) まめは、どのように そだちますか。（一つ10てん）

（①　　　）に つつまれた まめには、（②　　　）が あり、ここで、さやに（③　　　）、そだちます。

(5) まめを 土に まくと、どう なりますか。（10てん）

［　　　　　］

（令和2年度版　学校図書　みんなとまなぶしょうがっこうこくご二年下）

43 しあげテスト(3) 「サラダで　げんき」

目ひょうじかん 30ぷん

ごうかく 100てん 80てん 0てん

ふくしゅうの　めやす　き本テストなどで　しっかり　ふくしゅうしよう！

とくてん　／100てん

★ 文しょうを　よんで、もんだいに　こたえましょう。

りっちゃんは、おかあさんが　びょうきなので、なにか　いい　ことを　して　あげたいと　おもいました。

「かたを　たたいて　あげようかな。なぞなぞごっこを　して　あげようかな。くすぐって、わらわせて　あげようかな。でも、もっと　もっと　いい　ことは　ないかしら。おかあさんが、たちまち　げんきに　なって　しまうような　こと。」

(1) りっちゃんが　なにか　いい　ことを　したいと　おもったのは、なぜですか。（20てん）

〔　　　　〕

(2) りっちゃんが、なにか　いい　ことと　して　かんがえた　ことで　正しく　ない　ものを　一つ　えらんで　×を　つけましょう。（20てん）

ア（　）かたを　たたいて　あげる。

イ（　）なぞなぞごっこを　する。

ウ（　）ほんを　よんで　あげる。

りっちゃんは、いっしょうけんめい　かんがえました。

「あっ、そうだわ。おいしい　サラダを　つくって　あげよう。げんきに　なる　サラダを　つくって　あげよう。」

りっちゃんは、れいぞうこを　あけて　中を　のぞきました。

りっちゃんは、サラダを　つくりはじめました。きゅうりを　トン　トン　トン、キャベツは　シャ　シャ　シャキ、トマトも　ストン　トン　トンと　きって、大きな　おさらに　のせました。

(3) いっしょうけんめい　かんがえた　りっちゃんは、なにを　つくる　ことに　しましたか。(20てん)

［　　　　］

(4) りっちゃんが　れいぞうこを　あけたのは　なぜですか。(20てん)

［　　　　］

(5) りっちゃんは　やさいを　きって　どう　しましたか。(20てん)

［　　　　］

（令和2年度版　東京書籍　あたらしい　こくご一下）

こたえとかんがえかた

●この 本では、文しょうの 中の ことばを 正かいと して います。にた いいかたの ことばで こたえても かまいません。また、こたえあわせが しやすいように、わかちがき(一字あき)で しめして います。じっさいに かく ときには、あける ひつようは ありません。
●ポイント は、かんがえかたや ちゅういてんなどです。
●〈 〉や※は ほかの こたえかたで、( )は こたえに かいても よい ものです。
●れい の こたえでは、にた ないようが かければ 正かいです。

1 き本テスト 1・2ページ ひらがなの ことば

1 (1)①き ②て
(2)①ふね ②いす
(3)みかん
(4)にわとり

2 (1)かぎ
(2)まど
(3)ざる
(4)ばら

3 (1)あさがお
(2)てんぷら

2 かんせいテスト 3・4ページ ひらがなの ことば

1 (1)―たい
(2)―だい
(3)―ばね
(4)―はね
(5)―ふた
(6)―ぶた
(7)―ごま
(8)―こま

2 (1)なべ (2)やぎ
(3)たんぽぽ (4)えんぴつ

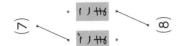

3 (1)かぶとむし (2)しまうま
(3)まゆげ (4)げた
(5)たまご

3 き本テスト 5・6ページ ちいさく かく じ

1 (1)(◯)( ) (2)( )(◯) (3)(◯)( )

2 (1)つ (2)つ (3)つ (4)つ

3 (1)よ (2)や (3)や (4)ゆ

4 (1)がっき
(2)でんしゃ
(3)ちきゅう
(4)きんぎょ

4 かんせいテスト 7・8ページ ちいさく かく じ

1 (1)き(よ)ねん
(2)し(ゆ)くだい
(3)かぼち(や)
(4)かけ(つ)こ

2 (1)ちゅうしゃき
(2)きゅうしょく

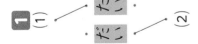

3 (1)らっぱ
(2)がっこう
(3)せんぷうき
(4)じてんしゃ
(5)にんぎょう
(6)きょうかしょ
(7)ぎゅうにゅう

5 きほん本テスト 9・10ページ のばす おん 「は」「へ」「を」の つかいかた

1
(1) （　）（◎）
(2) （◎）（　）

2
(1) あ　(2) い　(3) え　(4) う

ポイント
「がっこう」「てつぼう」のように、ふつう、「お」の のばす おんは、「う」と かくよ。

3
(1) (は)　(2) (を)　(3) (へ)

4
(1) は　(2) を　(3) は・へ

6 かんせいテスト 11・12ページ のばす おん 「は」「へ」「を」の つかいかた

1
(1) ぼうし
(2) ひこうき
(3) じどうしゃ

2
(1) きのお（う）は、～そうじお（を）～。
(2) ぼくわ（は）、～みせえ（へ）～。

3
(1) は・お・を
(2) は・お・を
(3) お・は・え・へ・お・を

ポイント
「こおり」「おおきい」「とおい」などでは、「お」と かくので きを つけよう。

7 きほん本テスト 13・14ページ なかまの ことば

1
(1) くだもの　(2) むし
(3) かたち

2
(1) はる　(2) なつ
(3) あき　(4) ふゆ

3
(1) （◎）（　）
(2) （　）（◎）
(3) （　）（◎）

ポイント
「まなつは あつい。」とは いうけれど、「まなつは あたたかい。」とは いわないね。にた いみの ことばでも、おなじように つかえない ことも あるよ。

4
(1) ちいさい　(2) くらい
(3) かるい

8 かんせいテスト 15・16ページ なかまの ことば

1
(1) — しゃべる
(2) — ながめる
(3) — びっくりする
(4) — にっこりする

2
(1) ひる　(2) きょう
(3) らいねん　(4) れいおとな

3
(1) (えき)　(2) (さくら)
(3) (ひだり)

4
(1) ふとい　(2) とおい
(3) すくない　(4) みじかい

9 き本テスト 17・18ページ　ことばの　つかいかた

1 (1) ( ) (◎)　(2) (◎) ( )

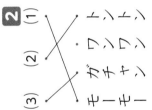

2 (1) (2) (3)

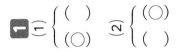

トントン
ワンワン
ガチャン
モーモー

3 (1) きらきら
(2) ころころ
(3) ひらひら

4 (1) よむ　(2) たべる
(3) はしる　(4) うたう

10 かんせいテスト 19・20ページ　ことばの　つかいかた

1 (1) (◎) ( )　(2) ( ) (◎)　(3) (◎) ( )

2 (1) ゴーン　(2) ビリッ
(3) ザーザー

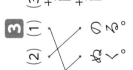

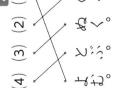

3 (1) (2) (3) (4)

のる。
ぬく。
とぶ。
よむ。

4 (1) のっそり　(2) にっこり
(3) はっきり　(4) ぽっかり

11 き本テスト 21・22ページ　ぶんの　くみたて

1 (1) が・を　(2) が・を
(3) が・を

2 (1) あめが　(2) あねが
(3) はなが

3 (1) およぐ　(2) たたく
(3) あける

4 (1) 【れい】くま・さかな
(2) 【れい】おんなのこ・かみ

12 かんせいテスト 23・24ページ　ぶんの　くみたて

1 (1) あにが　(2) うまが
(3) おとうとが　(4) くるまが

2 (1) (2) (3) (4) (5)

かみに　えを　かく。
かさを　もって　いく。
えさを　たべて　いる。
かだんに　まく。
ごぼうは　やさいだ。

3 (1) おる　(2) とおる
(3) よぶ　(4) なく
(5) きる

4 (1) 【れい】いぬが、つちを　ほって　いる。
(2) 【れい】おとこのこは、ふねに　のって　いる。

13 き本テスト 25・26ページ ぶんの おわりの いいかた

1 (1) ( ) (◎)　(2) (◎) ( )

2 (1)なきます　(2)はいります
(3)ひろいます　(4)つかいます

3 (1)きこえた　(2)わらった　(3)おした

4 (1)もつ　(2)つくる　(3)くる　(4)する

14 かんせいテスト 27・28ページ ぶんの おわりの いいかた

1 **イ・ウ・カ** に◯

2 (1)ほんを きれいに ならべました。
(2)きょう、あかい はなが さき
ました。

3 (1)あねが、へやに はなを かざる。
(2)あめの ひは、いえで あそぶ。

4 きのう、あにと ひろばに いき
ました。あにの ともだちも き
て いました。みんなで、やきゅ
うを しました。

15 き本テスト 29・30ページ まる(。)てん(、)かぎ(「」)の つかいかた

1 (1) ( ) (◎)　(2) (◎) ( )　(3) ( ) (◎)

2 (1)あねは、かみを むすんだ。
(2)ゆうがた、いえに かえる。
(3)あした、えんそくに いく。
(4)とりが、きの えだに とまる。

3 (1) (◎) ( )　(2) ( ) (◎)

4 (1)「さようなら。」
(2)「おにごっこを しよう。」
(3)「しゅうごう。」

16 かんせいテスト 31・32ページ まる(。)てん(、)かぎ(「」)の つかいかた

1 **ア・ウ・カ** に◯

2 (1)わたしは、いもうとの～。
(2)めだかが、すいすい～。
(3)あさ はやく、でんわが～。
(4)そとに でたら、ともだちが～。
(5)ごはんを たべると、あには～。

3 (1)かびんに みずを いれて、
へやに もって きた。それから、
はなを いれた。
(2)あさ おきると、あめが ふって
いた。あかい かさを さして、
がっこうへ いった。
(3)えきに つくと、おとうさんが
まって いた。ぼくは、おおきく
てを ふった。

4 (1)いえに かえると、おかあさんが、
「おかえり。」
と いいました。
(2)おとうとが、しんかんせんを
みて、

「はやいなあ。」

と いいました。

17 きほんテスト 33・34ページ かたかな

1 (1)ア (2)キ (3)ナ (4)ホ (5)モ (6)ユ

2 (1) (2) (3) (4)

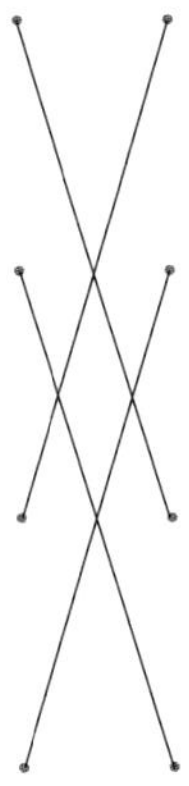

ライオン レモン バケツ ピアノ

3 (1){(◎) ( )} (2){( ) (◎)} (3){(◎) ( )} (4){(◎) ( )}

4 (1)トラック (2)テーブル (3)ポケット (4)ジュース

18 かんせいテスト 35・36ページ かたかな

1 (1)バナナ・ケーキ・パン (2)スカート・ズボン・セーター (3)パトカー・バス

※(1)～(3)は、それぞれ じゅんじょが ちがっても よい。

2 (1)ノート・クレヨン (2)エプロン・フライパン

※(1)・(2)は、それぞれ はんたいでも よい。

3 (1)オムレシ|ツ・ナ|メロン (2)チ|テレビ・ドラヌ|マ

19 きほんテスト① 37・38ページ かん字の よみかき(1)

1 (1)ろく (2)い (3)かわ (4)ちから (5)しちごさん (6)ふた

2 (1){ひと にん} (2){やま さん}

3 (1)三 (2)入 (3)八

4 (1)四 (2)九 (3)力 (4)一 (5)人 (6)十 (7)二

20 きほんテスト② 39・40ページ かん字の よみかき(1)

1 (1)おとこ (2)こ (3)うえ (4)め (5)よんひゃくにん (6)した

2 (1){ひ にち} (2){なか ちゅう}

3 (1)上 (2)白 (3)下

4 (1)口 (2)田 (3)中 (4)女・子 (5)目 (6)日

21 かんせいテスト 41・42ページ かん字の よみかき(1)

1 (1)川 (2)七 (3)三 (4)六 (5)男 (6)二百

2 (1)上がる (2)白い (3)入れる (4)下る

3 (1){(◎) ( )} (2){( ) (◎)} (3){(◎) ( )} (4){(◎) ( )}

4 (1){人 入} (2){口 田} (3){力 九} (4){日 目}

22 かん字の よみかき(2)
き本テスト① 43・44ページ

1 (1)つち (2)おう (3)こいぬ (4)すいちゅう (5)じゅうえん (6)ゆうひ

2 (1) つき げつ (2) き もく

3 (1)小 (2)大

4 (1)玉 (2)名 (3)月 (4)金 (5)千 (6)犬 (7)大 (8)火

23 かん字の よみかき(2)
き本テスト② 45・46ページ

1 (1)みみ (2)て (3)あし (4)みぎうえ (5)こいし (6)しょうがつ

2 (1) う せい (2) さき せんせい

3 (1)生 (2)正

4 (1)手 (2)天 (3)出 (4)文 (5)石 (6)足 (7)左 (8)先

24 かん字の よみかき(2)
かんせいテスト 47・48ページ

1 (1)耳 (2)先 (3)手足 (4)正月 (5)十円 (6)金

2 (1)大きい (2)正しい (3)小さい (4)生まれる

3 (1) ( ) ◎ (2) ◎ ( ) (3) ◎ ( ) (4) ◎ ( )

4 (1) 右 石 (2) 水 木 (3) 王 玉 (4) 夕 名

25 かん字の よみかき(3)
き本テスト① 49・50ページ

1 (1)た (2)やす (3)ほん (4)てんき (5)はやくち (6)はなび

2 (1) とし いちねんせい (2) くさ そう

3 (1)休 (2)早

4 (1)糸 (2)竹 (3)気 (4)年 (5)花 (6)虫 (7)学 (8)草

26 かん字の よみかき(3)
き本テスト② 51・52ページ

1 (1)あか (2)はやし (3)み (4)おおあめ (5)がっこう (6)あしおと

2 (1) くるま しゃ (2) そら くうき

3 (1)赤 (2)青

4 (1)貝 (2)音 (3)字 (4)雨 (5)町 (6)村 (7)森 (8)車

27 かん字の よみかき(3)
かんせいテスト 53・54ページ

1 (1)立 (2)大雨 (3)天気 (4)足音 (5)空 (6)花火

2 (1)休み (2)赤い (3)青い (4)早く

3 (1) ◎ ( ) (2) ( ) ◎ (3) ( ) ◎ (4) ◎ ( )

4 (1) 貝 見 (2) 林 村 (3) 木 本 (4) 字 学

28 きほんテスト① 55・56ページ
さく文の かきかた
・できごとや ようすを かく

1
(1) れい ぼくは、じてん車に のって います。
(2) れい わたしは、花に 水を やって います。
(3) れい 子犬が、キャンキャン ほえて います。
(4) れい イルカが、大きく とんで〈ジャンプして〉 います。

2
(1) ちかくの こうえん〈こうえん〉
(2) ぶらんこに のりました。
(3) 「シーソーに のろう。」

29 きほんテスト② 57・58ページ
さく文の かきかた
・できごとや ようすを かく

1
(1) きのう
(2) 犬の 赤ちゃん〈子犬〉
(3) 3

2
(1) 日よう日
(2) チューリップの きゅうこん
(3) 4

30 かんせいテスト 59・60ページ
さく文の かきかた
・できごとや ようすを かく

★
(1) ずこうの じかん
(2) おべんとうを つくった こと。
※「おべんとうを つくりました。」でも よい。
(3) うめの おむすび
(4) **ウ** に×
(5) 「おいしそうだね。」
(6) 3

31 きほんテスト 61・62ページ
どうわの よみとり(1)
・ばめんの ようす

★
(1) 本 (2) (いつも くまさんが すわる)ベンチ
(3) (さっきの)きつねさん
(4) にもつ(を いっぱい)
(5) おもった こと

ポイント
はなした ことは、「 」で あらわすよ。

(6) 「や。」
「……や。」

32 かんせいテスト 63・64ページ
どうわの よみとり(1)
・ばめんの ようす

★
(1) **ウ** に○
(2) れい とって、ベンチに おいた。
(3) きつねさんは、にもつを いっぱい もって います。
(4) ①きつねさん ②ベンチ

ポイント
くまさんの ぼうしが あったら、きつねさんが すわれないからだよ。

(5) (すこし) すました

33 きほんテスト 65・66ページ
どうわの よみとり(2)
・ようすや 気もち

★
(1) おばあちゃん
(2) チョッキ
(3) れい 大よろこびした。
(4) 赤
(5) チロ
(6) にいさんねずみと ねえさんねずみ

34 かんせいテスト① 67・68ページ どうわの よみとり(2)
・ようすや 気もち

★ (1) **イ** に ×

ポイント

チヨッキを 「三つ」 あんで いるとは、かいて いないね。

(2) れい チヨッキを あんで もらえるから。

(3) 「ぼくは 赤と 青。」
「そんな こと ないよ。ぼくのも あるよ。」

(4) ① けいと
② 青

(5) (とても) しんぱいな

35 かんせいテスト② 69・70ページ どうわの よみとり(2)
・ようすや 気もち

★ (1) ・(なつかしい)なみの 音
・しおかぜの におい
※はんたいでも よい。

(2) れい かあさんぐまの 子どもたち。

(3) 目を みはった

ポイント

「目を みはる」と いうのは、おどろいたりして、目を 大きく ひらく ことだよ。

(4) それから、二年半ばかりが すぎる。

(5) ①

(6) きたの うみ

36 きほんテスト 71・72ページ せつめい文の よみとり(1)
・正しく よみとる

★ (1) 人

(2) にもつ

(3) ① にだい
② たくさん

(4) おもい ものを つり上げる

37 かんせいテスト 73・74ページ せつめい文の よみとり(1)
・正しく よみとる

★ (1) 人を のせて はこぶ

(2) **イ** に ×

ポイント

文しょうには、ア・ウの 二つの ことがらが かいて あるね。

(3) れい おもい にもつを のせるため。

ポイント

「どうして」「なぜ」と きかれたら、「〜から」「〜ため」と こたえるように しよう。

(4) ・じょうぶな うでが、のびたり うごいたり するように、つくって あります。
・車たいが かたむかないように、しっかりした あしが、ついて います。
※はんたいでも よい。

38 き本テスト 75・76ページ
せつめい文の よみとり(2) ・だいじな ところ

★
(1)たいふう
(2)(田んぼの)ちかくの 川
(3)[れい]おこめを たくさん みのらせた。

ポイント
「あき」と いう ことばが どこに あるか、たしかめよう。

(4)おこめを たくさん とる ためにに、田んぼの 水は ぬかれて しまうのです。
(5)はる

39 かんせいテスト① 77・78ページ
せつめい文の よみとり(2) ・だいじな ところ

★
(1)ちかくの 川
(2)①田んぼの 水
②川
(3)**ウ** に×

ポイント
あきには、田(た)んぼから 水(みず)が ぬかれて しまうよ。

(4)田んぼ
(5)ぼうけん

40 かんせいテスト② 79・80ページ
せつめい文の よみとり(2) ・だいじな ところ

★
(1)子ねこ
(2)**ア** に○

ポイント
「おかあさんに あまり にて いません」と かいて あるね。

(3)おかあさんに、口に くわえて はこんで もらう。

ポイント
すぐ あとの ところを ていねいに よもう。

(4)生まれて 二か月ぐらい
(5)えものの とりかた

41 81・82ページ
しあげテスト(1)

1
(1)　すべる。
(2)　すわる。
(3)　とぶ。
(4)　すてる。

2
(1)うんど~~お~~うかいで つなひき~~お~~を~。
(2)おとうさん~~わ~~は、かいしゃ~~え~~へ~。
(3)せんせ~~え~~いが、お~~う~~おきい~。

3
(1)ロケット (2)ヘリコプター
(3)キャベツ (4)チョコレート

4
(1)~~木~~本やさんで~~~入~~人に~。
(2)二つ~~日~~目の~~~石~~右に~。
(3)~ビー~~王~~玉を ~~貝~~見つけた。

42 しあげテスト(2)（83・84ページ）

★(1)①まめ　②生きて

(2)①土　②め　③くき

④ふえて　いきます

(3)あたらしい　まめ(が　できます。)

(4)①さや　②へそ

③つながって

(5)あたらしい　まめが　できる(のです)。

43 しあげテスト(3)（85・86ページ）

★(1)れい おかあさんが　びょうきだから。

(2)ウ　に×

(3)(おいしい〈げんきに　なる〉)サラダ

(4)れい サラダの　ざいりょうを出すため。

ポイント

れいぞうこを　あけた　あと、りっちゃんが　なにを　したのか、たしかめよう。

(5)れい 大きな　おさらに　のせた。

ポイント

おわりの　ところまで　ていねいに　よもう。

ウェブサイト でも **郵便はがき** でも **OK!**

お客さまの声をお聞かせください!

郵便はがき 今後の商品開発や改訂の参考とさせていただきますので、「郵便はがき」にて、本商品に対するお声をお聞かせください。率直なご意見・ご感想をお待ちしております。

※**郵便はがきアンケート**をご返送頂いた場合、図書カードが当選する**抽選の対象**となります。

抽選で毎月100名様に「図書カード」1000円分をプレゼント!

くもん出版の商品情報はこちら!

くもん出版では、乳幼児・幼児向けの玩具・絵本・ドリルから、小中学生向けの児童書・学習参考書、一般向けの教育書や大人のドリルまで、幅広い商品ラインナップを取り揃えております。詳しくお知りになりたいお客さまは、ウェブサイトをご覧ください。

くもん出版ウェブサイト
https://www.kumonshuppan.com

くもん出版 検索

くもん出版直営の
通信販売サイトもございます。

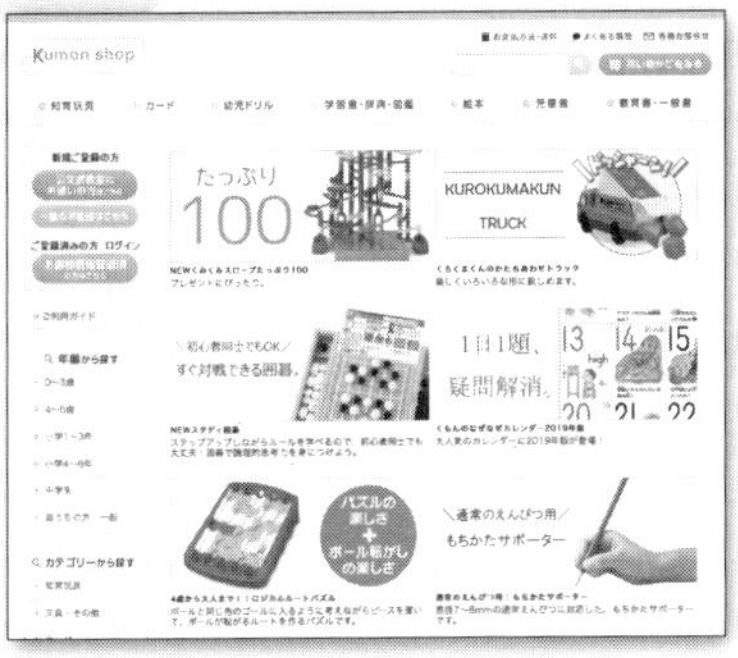

Kumon shop 検索

くもん出版 お客さま係 東京都港区高輪4-10-18 京急第1ビル13F E-mail info@kumonshuppan.com
0120-373-415（受付時間／月～金 9:30～17:30 祝日除く）

『お客さまアンケート』個人情報保護について

『お客さまアンケート』にご記入いただいたお客さまの個人情報は、以下の目的にのみ使用し、他の目的には一切使用いたしません。
①弊社内での商品企画の参考にさせていただくため
②当選者の方へ「図書カード」をお届けするため
③ご希望の方へ、公文式教室への入会や、先生になるための資料をお届けするため
※資料の送付、教室のご案内に関しては公文教育研究会からご案内させていただきます。
なお、お客さまの個人情報の訂正・削除につきましては、お客さま係までお申し付けください。

きりとり線

料金受取人払郵便
高輪局承認
1101
差出有効期間
2021年5月31日まで
（切手を貼らずにご投函ください。）

郵便はがき
108-8790
414

東京都港区高輪4-10-18
京急第1ビル 13F
（株）くもん出版
お客さま係 行

フリガナ
お名前
ご住所 〒□□□-□□□□ 都道府県 区市郡
ご連絡先 TEL （ ）
Eメール @

● 『公文式教室』へのご関心についてお聞かせください ●
1. すでに入会している 2. 以前通っていた 3. 入会資料がほしい 4. 今は関心がない

● 『公文式教室』の先生になることにご関心のある方へ ●
ホームページからお問い合わせいただけます → くもんの先生 検索
資料送付ご希望の方は○をご記入ください・・・希望する（ ）
資料送付の際のお宛名 ＿＿＿＿ ご年齢（ ）歳

選んで、使って、いかがでしたか？

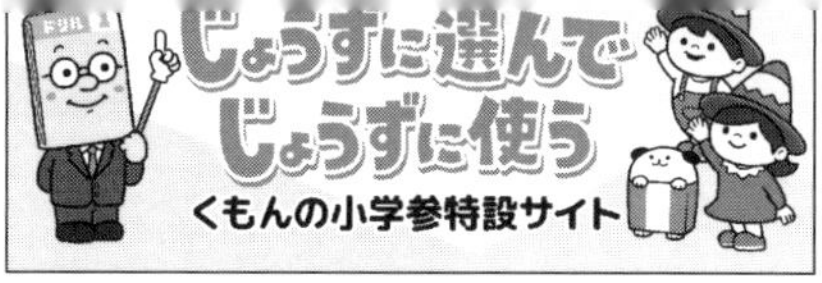

ウェブサイトへレビューをお寄せください

ウェブサイト

こちらから

くもん出版ウェブサイト（小学参特設サイト）の「お客さまレビュー」では、
くもんのドリルや問題集を使ってみた感想を募集しています。
「こんなふうに使ってみたら楽しく取り組めた」「力がついた」というお話だけでなく、
「うまくいかなかった」といったお話もぜひお聞かせください。
ご協力をお願い申し上げます。

くもんの小学参特設サイトにはこんなコンテンツが…

カンタン診断
10分でお子様の実力をチェックできます。（新小1・2・3年生対象）

お客さまレビュー
レビューの投稿・閲覧ができます。他のご家庭のリアルな声がぴったりのドリル選びに役立ちます。

マンガで解説！ くもんのドリルのひみつ
どうしてこうなっているの？ くもん独自のくふうを大公開。ドリルのじょうずな使い方もわかります。

<ご注意ください>
- 「お客さまアンケート」（はがきを郵送）と「お客さまレビュー」（ウェブサイトに投稿）は、アンケート内容や個人情報の取り扱いが異なります。

	図書カードが当たる抽選	個人情報	感想
はがき	対象	氏名・住所等記入欄あり	非公開（商品開発・サービスの参考にさせていただきます）
ウェブサイト	対象外	メールアドレス以外不要	公開（くもん出版小学参特設サイト上に掲載されます）

- ウェブサイトの「お客さまレビュー」は、1冊につき1投稿でお願いいたします。
- 「はがき」での回答と「ウェブサイト」への投稿は両方お出しいただくことが可能です。
- 投稿していただいた「お客さまレビュー」は、掲載までにお時間がかかる場合があります。また、健全な運営に反する内容と判断した場合は、掲載を見送らせていただきます。

きりとり線

57270「小ド 学力チェックテスト1年生こくご」　ご記入日（　年　月）

お子さまの年齢・性別（　歳　ヶ月）　男／女

この商品についてのご意見、ご感想をお聞かせください。

よかった点や、できるようになったことなど

よくなかった点や、つまずいた問題など

このドリル以外でどのような科目や内容のドリルをご希望ですか？

Q1 内容面では、いかがでしたか？
1. 期待以上　2. 期待どおり　3. どちらともいえない
4. 期待はずれ　5. まったく期待はずれ

Q2 それでは、価格的にみて、いかがでしたか？
1. 十分見合っている　2. 見合っている　3. どちらともいえない
4. 見合っていない　5. まったく見合っていない

Q3 学習のようすは、いかがでしたか？
1. 最後までらくらくできた　2. 時間はかかったが最後までできた
3. 途中でやめてしまった（理由：　）

Q4 お子さまの習熟度は、いかがでしたか？
1. 力がついて役に立った　2. 期待したほど力がつかなかった

Q5 今後の企画に活用させていただくために、本書のご感想などについて弊社より電話や手紙でお話をうかがうことはできますか？
1. 情報提供に応じてもよい　2. 情報提供には応じたくない

ご協力どうもありがとうございました。

くもん出版